센트럴파크를 지나면 보이는 아트컬렉팅

The Recipe of Art Collecting Mastery

처음의 설렘이 계속되길

작가 본연의 글맛을 살리기 위해 한글 맞춤법에 맞지 않는

일부 표현을 수정하지 않았습니다

센트럴파크를 지나면 보이는 아트컬렉팅

글 · 그림 · 사진 이슬기

마음세상

DNA 숫자만큼이나 컬렉션은 다를 수 있다

당신의 미술 바구니 안에는 무엇이 담겨 있나요?

이 책은 미술품을 사기 시작하면서 떠올릴 수 있는 세 가지 상황을 염두에 두고, 자신만의 미술 바구니를 만드는 방법을 다룬다. 이는 아트컬렉션을 빠르고 단단하게 구축하는 데 효과적인 접근법으로 예산을 정해 놓고 가상의 컬렉션을 구성하는 개인적인 연습이다.

내 예산이든 다른 사람이 맡긴 예산이든 3억, 10억, 30억, 50억 원이 있다고 가정해 보자.

각 예산 안에서 첫 번째 경우는 개인 컬렉터로서 어떤 작품을 살 것인가이다. 두 번째는 프라이빗 뮤지엄을 오픈한다고 생각했을 때이고, 마지막은 공공 미술관을 개관한다고 가정하는 것이다.

이제 시작이다. 무엇을 컬렉션의 우선순위에 둘지, 기준은 무엇인지, 어떤 주제로 구성할지, 재판매를 고려할 것인지 등을 고민해보자. 평소에 이 훈련을 계속한다면, 구매를 결정해야 할 때 빠르고 정확하게 판단할 수 있도록 도와준다. 정해진 예산 안에서만 해야 한다는 점은 기준 없이 충동적으로 사는 것을 방지하기 위함이다. 내가 정의하는 컬렉션은 순간의 감정으로 판단하고 구매하는 것이 아니기 때문이다. 오랜 시간 내 호기심을 들여다보고, 시장을 조사하며, 작가의 생애를 살펴본 후에 구매할 기회를 찾아야 한다. 기회가 왔을 때는 독수리가 먹이를 낚아채듯 빠르고 정확하게 행동하는 게 핵심이다.

컬렉션에 대한 자기 기준이 없으면, 다른 사람의 말에 쉽게 휘둘리게 된다. 하지만, 컬렉션은 누구의 의사결정이나 판단이 아닌 나 자신 그 자체이며, 아무도 침범할 수 없는 것이 되어야 한다. 아트어드바이저는 단지 경험을 통해 진흙밭에서 빠져나오기 힘들다고, 다른 길로 가라고 알려줄 뿐이다. 모든 컬렉션은 사람의 DNA만큼이나 각기 다른 형태를 지니며, 그 누구의 것도 같을 수 없다. 우리는 컬렉션을 시작할 때 이 중요한 원칙을 모르고 시작해, 일 년도 채 되지 않아 중도에 포기하는 경우가 많다. 컬렉션은 누군가를 위한 것이 아니라, 과정 자체에 기쁨이 있는 각 시절의 안목과 선택이 담긴 또 다른 삶이라는 점을 잊지 말자.

컬렉션에 넣는 미술품이란

'세상에 나쁜 작가는 없다. 따라서 나쁜 작품도 있을 수 없다.'라는 것이 내 지론이다. 다만, 내가 컬렉션하는 작가와 작품은 미술시장이 만들어 놓은 힘의 논리 안에서 선택하자는 것이다. 뉴욕이 왜 세계 미술시장의 중심인지, 왜 소수의 메가 갤러리와 경매사가 미술시장을 지배하는지 불평하고 그 밖으로 벗어나려는 것은 의미 없다는 거다. 내가 이 상황을 바꿔보겠다는 생각은 더더욱 안 된다. 결국, 미술시장은 수준 높은 예술 가치에 따라 움직이고 있으며, 그 가치를 지지한 결과가 반영된 것이라고 믿는다. 만약 이 상황이 마음에 늘지 않는다면, 취미로 컬렉션을 하면 된다. 나의 아트컬렉션은 적어도 잠재적인 자산 가치를 50% 염두에 둔 것이기 때문이다. 단, 천만 원 이하의 작품이라면 얼마든지 장식용, 취향 중심의 충동구매도 괜찮다.

컬렉션에 임하는 자세

내가 아는 모든 컬렉터는 미술을 놀이와 취미라고 겉으로는 말하지만, 그 누구보다 치열하고 진지하게 컬렉션에 임한다. 실패는 있을지언정 후회가 남지 않도록 최선을 다해 공부하고, 전시를 보러 다니며, 트렌드와 경기를 살펴 작품을 수집한다.

한편, 컬렉터들은 점점 동시대 미술품을 수집하는 경향으로 변화하고 있다. 특히, 컬렉션을 처음 시작하는 사람들은 동시대 미술품에 더 큰 관심을 보인다. 그 이유는 살아있는 작가와 함께 호흡하며 공감대를 형성하고, 작가가 성장하는 모습을 보고 싶기 때문이다. 신진 작가의 작품일수록 위험이 따르지만, 그만큼 크게 상승할 가능성이 있는 것도 이유 중 하나다.

젊은 컬렉터들은 재능 있는 잠재적 작가를 잘 발굴하는 갤러리를 찾아 전 세계를 누비며 관계를 맺고 작품을 구매한다. 그렇기에 요즘 아트컬렉션을 학문처럼 개념화하거나 규정짓는 것은 맞지 않는다.

미술은 엄청난 속도로 변하고 있고, 학문이나 투자 개념에 가두려는 사람들의 시도를 영리하게 벗어난다.

그렇다면 우리는 어떤 자세로 컬렉션에 임해야 하는가? 미술은 눈에 보이지 않게 변하고 있다는 걸 인지하고, 그 흐름에 몸을 맡기면 된다. 원하는 작품을 사고, 모으고, 팔기도 하면서, 과정을 즐기는 거다.

주요 컬렉터들은 어떤 작품을 사는가

미술의 장르 경계는 이미 오래전에 무너졌다. 미디어아트, NFT, 설치, 사진, 조각이란 이유로 작품을 사지 않는다는 것은 이제 구석기 시대적인 발언이 되어 버렸다. 개인 컬렉터는 여전히 보관과 설치가 쉬운 평면 작업을 선호하지만 말이다.

피노 컬렉션의 프랑수아 피노, 루이비통 파운데이션의 베르나르 아르노, 브로드 미술관의 엘리 브로드, 앤디 워홀 작품을 대량 소장한 피터 브랜트, 동시대 중국 미술을 세계에 알리는 K11의 에이드리언 청, 그리고 더 웨어하우스의 하워드 라초프스키 같은 컬렉터들은 저마다 자신들과 닮은 쌍둥이 같은 미술품을 모은다. 이들이 수집하는 미술품은 아프리카계 미국인의 삶, 정체성, 성소수자, 신화, 역사, 미래 시대, 인간의 욕망, 일상생활, 인공지능 등 다양한 주제를 아우른다. 추상이든 구상이든, 개념미술이든 팝아트든 장르나 범주는 중요하지 않아 보인다. 다만, 자신이 중요하게 여기는 가치와 기준이 무엇인지는 분명히 보여준다. 이들이 소장하는 작품의 공통점은 미술사의 맥락을 따르면서도 동시대의 흐름을 반영하며, 작가의 솔직한 삶이 작품에 담겨 있다. 또한, 작가의 시각을 통해 세상을 새롭게 보고자 하는 존중의 태도와 여전히 배울 것이 많이 남아 있다는 겸손함이 컬렉션에 녹아 있다.

늘 짧은 길로 달려라

로마제국의 16대 황제 마르쿠스 아우렐리우스는 명상록에서 "늘 짧은 길로 달려라. 짧은 길은 너를 가장 바른 언행으로 인도해 줄 자연의 길이다."라고 말했다. 나는 이 말을 따르는 것이 미술 컬렉터로서의 기쁨을 가장 빠르게 맛보는 방법이라고 생각한다.

미술계에는 보이지 않는 규칙과 매너가 있다. 좋은 작품을 얻기 위해서는 꼼수 대신 이 규칙과 매너를 발견하고 따르는 것이 중요하다. 굳이 멀리 돌아가지 말자.

또한, 갤러리스트를 포함해 미술계에서 만난 사람들에게 솔직하게 자신의 상황을 설명하면, 그들은 내 예산 안에서 최선의 작품을 구해주려고 노력해 줄 거다. 모든 저명한 컬렉터들이 공통으로 말하듯이 좋은 작품을 갖는 데 필요한 것은 돈이 아니라 진실한 절실함이 필요하다는 걸 기억하자.

　마지막으로 미술은 우리의 삶과 함께하며, 경제 상황을 넘어서는 정신적 가치를 지닌다. 그렇기에 미술품은 일시적인 가치변동을 겪더라도 다시 회복되는 영속적인 힘을 지닌다. 그리고 우리는 이미 미술 없이는 살 수 없다는 강한 믿음 속에 살고 있다.

II. 미술품이 곧 화폐인 이유

III. 컬렉터라면 꼭 알아야 할 현실과 함정

IV. 핫스팟으로 보는 세계 미술 트렌드

V. 미술품 가치를 지키는 컬렉션 관리법

VI. 컬렉터의 도시 탐험기, 뉴욕부터 동남아까지

센트럴파크를 지나면 보이는 아트컬렉팅

I.

그림 사기 전에, 컬렉터 마인드셋

단기간에 컬렉터가 되려면 5가지를 시작하자

그림을 사 모은다는 것은 직업이 아니다. '풀 타임 컬렉터'를 자처하는 사람들이 많지만, 핵심은 미술공부를 너무 각잡고 하지 말라는 것이다. 학습보다는 직감적으로 작품을 빠르게 선택할 수 있도록 훈련하는 것이 중요하다. 매일 반복해서 무엇인가를 한다는 것을 의식하지 않고, 아침 커피를 내리듯 자연스럽게 해야 한다.

수용하는 태도로 다른 사람들의 다양한 컬렉션 보기

최근에는 다른 사람들의 컬렉션을 쉽게 볼 수 있다. 인스타그램 덕분에 집에 설치해 놓은 작품, 언박싱 순간, 작품 운송상자가 도착했을 때의 모습 등을 확인할 수 있다. 나는 래리 리스트(@larrys_list) 계정을 참고하는데, 이 계정에는 트렌디한 작품과 라이프스타일이 함께 소개되어 있어 최신경향을 파악하는 데 도움이 된다. 시간을 정해 놓고 보기보다는 나중에 나도 이렇게 꾸며보고 싶다는 생각을 하며 가까운 미래의 내 집을 상상해보면 좋다.

미술 기본기를 쌓아야 한다

편안하게 힘을 빼라고 해서 미술사를 몰라도 된다는 뜻은 아니다. 미술사 맥락 위에서 작품 보는 습관을 들여야, 한번 본 작품도 빠르게 선택하여 구매할 수 있다. 나는 곰브리치의 〈서양 미술사〉의 두꺼운 도판버전을 거실에 펴두고 수시로 보고, 외출할 때는 소책자 버전을 들고 다닌다. 또한, 테이트(Tate)갤러리의 관장을 했던 윌 곰퍼즈의 〈발칙한 서양미술사〉를 반복해서 읽는다. 자기에게 잘 맞는 몇 권의 책을 골라 반복해서 읽으며, 머릿속에 완전히 들어왔다고 느끼면 다른 책으로 넘어가면 된다. 여기서도 마찬가지로 거창하게 공부한다고 생각하면 안 된다.

원래 내 생활의 일부였던 것처럼

미술과 함께 하는 삶을 아주 오래전부터 살았던 것처럼 상상하고 행동해보자.

첫째로는 동선을 살짝 바꾸는 건데, 근처에 광화문을 지나는 길이면 삼청동 갤러리들을 가보고, 한남동을 가는 길에는 리움미술관과 페이스(Pace)갤러리 등을 가보는 거다.

다음으론 집에 이미지 액자라도 옆에 둬보고, 미술 매거진 혹은 책을 집안 곳곳에 배치해서 손이 닿으면 무심코 읽게 자신에게 미끼를 던져 놓는다.

트렌드를 무시하지 말자

예술이 영원한 건 맞지만, 트렌드와 시장을 무시하지는 말자.

미술시장은 세상 속에서 움직인다. 파도처럼 들이닥쳤다가 빠지는데, 타이밍을 나만 몰라 유행 지난 작품을 오늘 사고 있진 말자. 우습게 소리로 뉴욕의 미술 트렌드가 한국에 오는데 3년, 동남아로 6년 걸린다고 얘기하곤 하는데, 아무리 세계화가 됐다고 하지만 미술 중심지와 시차는 존재한다. 나는 최소한의 해결방법으로 온라인 매거진을 본다. 나는 국내 소식은 아트나우(artnow), 해외는 아트뉴스페이퍼(www.theartnewspaper.com)나 아트뉴스(www.artnews.com)를 참고한다.

재밌게 하자

즐거워야 오래 한다. 미술컬렉션은 학문이 아니라 습관이다.

자기도 모르게 물들고, 재밌어야 한다. 큰 목표를 세우지 말자.

'나는 올해 몇 점의 작품을 사겠어, 이 산 작품으로 뭘 차리겠어.' 이런 생각이 컬렉션을 가장 방해한다. 이유는 재미없어지기 때문이다. 그저 지적 호기심이 사라지지 않도록 지인들과 전시도 가고 차도 마시고 즐겁게 웃는 거다.

이 5가지가 너무 많다면, 나한테 맞는 한 가지로 시작해도 된다. 몇 개월 하다 보면 생각과 그림 보는 태도가 바뀐 자신을 발견할 수 있을 것이다. 이런 시간이 단단해지면 누가 내 취향에 대해 평가하든 아무런 신경이 쓰이지 않는다. 나의 확고한 입맛이 생겼고, 그 맛이 틀리지 않았기 때문이다.

시간이 갈수록 예민해지고 세밀해지는 나를 만날 때 기쁨을 맛보시길 바란다.

아트페어를 가장 잘 보는 방법

요즘 미술계에서 가장 중요한 이벤트는 단연 아트페어다. 10년 전만 해도 비엔날레나 유명 작가의 미술관 회고전이 가장 인기 있었지만, 지금은 아트페어가 그 자리를 차지했다. 특히 아트바젤(Art Basel), 프리즈(Frieze) 아트페어 같은 대표적인 행사를 중심으로 전 세계에서 다양한 아트페어가 매달 열리고 있다. 쏟아지는 작품들 속에서 아트페어를 효율적으로 감상하고 구매하는 3가지 방법을 소개하려 한다.

이미지 기억에 집중하기

아트페어에서는 작품 옆에 작가명, 작품명, 제작년도 등의 설명이 생략되는 경우가 많다. 이는 아트페어가 작품 설명보다는 작품 판매를 목적으로 한 전시공간으로 이미 구매에 관심이 있는 사람들이 주로 방문하는 자리인 만큼, 작품에 대한 상세 설명보다 거래가 더 중요한 역할을 하기 때문이다.

그래서 아트페어장에서 중요한 것은 작품 정보를 다 알려고 하지 말고, 현장에서 본 작품들의 이미지를 머릿속에 각인시키는 것이다. 누군가와 대화를 나누며 작품을 보면 더 오래 기억에 남는다. "그때 그 작품 보면서 이런 얘기를 했지."라는 식으로 말이다. 이때, 작품 사진을 다 찍으려고 너무 노력하지 말자.

구매를 고려할 만한 작품이라면, 이제부턴 작품과 함께 작가명, 작품명, 사이즈, 재료 등의 캡션까지 함께 알아두고, 사진으로 찍어두는 것이 좋다. 나중에 갤러리에서 작품 제안이 들어왔을 때 쉽게 결정하기 위함이다.

실제로 아트페어에서 마음에 든 작품을 바로 구매하는 경우는 드물다. 마음에 드는 작품을 일단 저장해두고, 시간이 지난 후에 최종

결정을 내리는 것이 일반적이다. 결론적으로, 동반자와 함께 기억을 남기고, 구매 의사가 생긴 작품은 세부 정보까지 꼼꼼히 기록해 두자.

자주 작품을 보다 보면, 놀랍게도 AI보다 더 정교한 기억 필터가 작동한다. "이 작품은 3월에 아트바젤 홍콩에서 봤었는데, 가격이 올랐네.", "이 작가는 오마주(예술가에 대한 존경의 표시로 해당 작품 형식, 주제 등을 차용하는 것)가 아니라 카피네", "작년에 본 작품이 또 나왔네." 같은 생각들이 자연스레 떠오른다.

나의 아트페어 동선

아트페어에서 지도를 손에 들고 다니지 말자. 결국, 다 보게 되어 있다. 지도를 들고 다닌다는 건 모든 작품을 놓치지 않겠다는 전투적인 마음가짐을 드러내는 것이다. 하지만 아트페어는 작품 감상보다 사고파는 것이 중요한 자리다.

올해 구매할 작품이 있다면 이미 제안 작품 리스트를 받았을 것이다. 그럴 때는 해당 갤러리에 가서 마지막까지 운송도 잘 부탁한다며 인사 등을 나누면 된다. 반면, 구매 계획이 없다면, 다음 해에 구매할 작품을 미리 찜해두는 시간이 될 것이다. 원하는 작품이 있는 갤러리에 방문해 친절하게 대화를 건네며, 갤러리스트에게 나를 어필해 보도록 하자.

나의 동선은 이렇다. 입장 후 가운데 부스를 중심으로 한 바퀴를 돌며 30분 동안 눈으로만 작품을 본다. 사진은 찍지 않는다. 가운데 부스는 자본력이 있는 주요 갤러리들이 위치하기 때문에, 이번 아트페어에서 주목할 작품들을 쉽게 파악할 수 있다. 그런 다음 라운지에서 커피를 마시며 생각을 정리한다. 이후에는 구매를 염두에 두고 세부적인 작품들을 찾아다닌다. 이때는 작품의 캡션은 물론, 정면, 측면, 확대 등 세부 사진도 꼼꼼히 찍어 작품의 질감과 디테일을 기억하는 것이 좋다. 그렇게 2시간 정도 돌아보고 나면, 샴페인을 마시며 마음을 가볍게 하자. 여유로워진 마음으로 작품을 보면 오히려 더 잘 보인다.

이렇게 '집중(30분) – 커피 타임(15분) – 세부 탐색(2시간) – 샴페인 타임(30분)'을 반복하며 첫날 아트페어 일정을 마친다. 그리고 다음 날 또 방문한다. 이유는 아트페어 첫날 팔린 작품이 빠지면, 새로운 작품이 그 자리를 채우기 때문이다.

체력이 없으면, 안목은 힘을 발휘하지 못한다

해외 아트페어를 갈 때마다 느끼는 건 체력의 중요성이다. 처음에는 무엇을 봐야 할지 몰라서 힘들었지만, 시간이 지나면서 시야는 넓어지는데 체력이 따라주지 않는다. 아트페어에서 하루에 2만 보 이상 걷는 일이 흔하다. 체력이 받쳐주지 않으면 아무리 안목이 있어도 제대로 볼 수가 없다.

아트페어 기간에는 아트페어뿐만 아니라 부대 행사로 열리는 미술관과 갤러리 전시, 그리고 파티까지 참석해야 한다. 그래서 체력은 컬렉션을 완성하는 또 다른 요소라 할 수 있다.

이제 국내에서도 키아프(Kiaf), 프리즈, 아트부산 같은 대형 아트페어들이 열리고 있다.

앞서 말한 이 방법들을 적용해 보자. 집중과 릴렉스, 그리고 수다가 더 효율적인 구매를 도와줄 것이다. 또한, 이러한 여유로움은 갤러리스트에게 당신을 더 매력적으로 보이게 할 것이다.

구매 직전 실천 행동 4가지

컬렉터가 되기 위한 기본 루틴 5가지를 알려 드렸다. 이번에는 습관처럼 기본기를 다지는 것 외에, 구매 직전에 실전으로 해야 할 4가지를 소개하려고 한다. '뭐 이렇게 할 것이 많아.'라고 생각할 수도 있지만, 무언가를 하고 있다고 느끼지 말고 자연스럽게 익숙해지면 된다.

인스타그램 계정 만들기

아직 인스타그램 계정이 없다면, 활동하지 않더라도 만들어서 작가, 갤러리스트, 경매 스페셜리스트, 미술관 큐레이터, 유명 컬렉터의 계정을 팔로우해보자. 최신 미술계 트렌드가 자연스럽게 내 손에 들어온다. 하루에 한 번씩 팔로우한 사람들의 계정을 보면 동시대 미술계를 보는 가이드가 된다.

나는 기본적으로 하우저&워스(Hauser & Wirth), 가고시안(Gagosian), 페이스(Pace), 데이비드 즈워너(David Zwirner) 같은 대형 갤러리들을 팔로우하고 있다. 이들 갤러리는 미술관과 빅 컬렉터들의 취향 움직임을 파악하는 데 도움이 된다. 또한, 갤러리의 지점 확대나 전속작가 출신 지역을 보면 각국의 잠재력을 미리 볼 수 있다. 예를 들어, 이들 갤러리는 최근 90년대생 중국 작가를 영입했다. 이는 20, 30대 중국 구매자들이 떠오르는 컬렉터층이 됨을 시사한다. 또한, 갤러리들이 홍콩 지점을 확장한 것은 홍콩이 중국 반환 이후에도 여전히 미술시장의 중요한 중심지로 기능할 가능성이 크다는 것을 보여준다.

작가 계정은 동시대 미술품을 구매할 계획이라면 생존 작가 위주로 팔로우하는 것이 좋다. 나는 요시토모 나라부터 뉴욕 브루클린에서 활동하는 한국 신예 안나박까지 다양한 작가를 팔로우하고 있다. 경매사는 소더비, 크리스티, 필립스, 도쿄 SBI, 서울옥션, 케이옥션 계정을 보고 있다. 몇 년 전에는 아트토이에 관심이 많아 인스타그램으로 한정판 아트토이를 구한 적도 있다.

작가 이름 중얼거리기

해외 작가들이 많다 보니 이름을 제대로 발음하지 못할 때가 있다. 작가 이름 정도는 발음할 줄 알아야 출생 정보, 학력, 최근 전시 정보가 머리에 들어온다. 타카시 무라카미(Takashi Murakami)같은 유명한 일본 작가는 쉽게 읽히지만, 일본 작가이면서 미국 빅 컬렉터들의 주목을 받았던 우라라 이마이(Ulala Imai)나 로코코 스타일을 재현해 경매가가 폭발적으로 오른 영국 작가 플로라 유크노비치(Flora Yukhnovich) 같은 이름은 아직도 발음이 어렵다. 이럴 때는 작품 이미지와 작가 이름을 매칭해 혼자 중얼거리며 연습해 보자. 이렇게 하면 갤러리스트 앞에서도 자연스럽게 이름을 말할 수 있고, 작가 정보도 더 잘 기억하게 된다.

나만의 아트캘린더 만들기

컬렉터로서 중요한 미술 행사를 놓치지 않으려면 1년치 아트 캘린더를 만드는 것이 좋다. 내가 주로 가는 일정은 다음과 같다:
- 2월: 프리즈 LA (Frieze Los Angeles)
- 3월: 아트 페어 도쿄(Art Fair Tokyo), 아트바젤 홍콩(Art Basel Hong Kong)

- 5월: 프리즈 뉴욕(Frieze New York)

- 6월: 아트바젤 바젤 (Art Basel in Basel)

- 7월: 겐다이 도쿄(Gendai Tokyo)

- 9월: 프리즈 서울(Frieze Seoul)

- 10월: 프리즈 런던 (Frieze London), 파리+ 파 아트 바젤 (Paris+ par Art Basel)

- 12월: 아트바젤 마이애미 비치(Art Basel Miami Beach)

항공편은 보통 6개월 전에 예약하고, 숙소는 행사 근처로 예약해 둔다. 모두 갈 때도 있지만, 그러지 못할 때가 더 많다. 베니스 비엔날 레가 있는 해면 이 일정에 베니스를 끼워 넣기도 하고, 불현듯 상하이 에서 열리는 11월 ART021이나 웨스트번드 아트페어(West Bund Art & Design)에 갈 때도 있다.

도시마다 같은 작가라도 선호하는 작품 스타일과 트렌드가 조금씩 다르기 때문에 다양한 도시의 페어에 참여하는 것이 구매에 유리하 다.

미술사 맥락을 따라 작가별로 묶기

쏟아지는 작품을 소화하는 가장 좋은 방법은 내 방식대로 필터링 해서 묶어두는 것이다.

가령, 프리즈 서울에서 오너 타이터스(Honor Titus)라는 작가를 작 년 런던 크리스티 경매 프리뷰 이후 두 번째로 보았다. 런던의 티모시 테일러 갤러리(Timothy Taylor Gallery)에서 솔로 부스를 차렸는데, 작가의 서정적이고 편안한 주제와 붓질이 좋아서 기억해두었다.

이 작가의 인터뷰를 보니 미국 동시대 미술의 서정적 뿌리인 에드 워드 호퍼와 알렉스 카츠를 동경한다고 했다. 그렇다면 이 1989년생 브루클린 출신 작가를 호퍼와 카츠의 기억 상자에 넣어 두는 것이다. 그리고 큰 미술사 맥락에서는 19세기 프랑스 인상주의 직후에 등장한 나비파(Nabis)의 영향을 받았다고 하니, 이 작가를 나비파 안에도 넣어둔다. 그러면 자연스럽게 오너 타이터스를 다시 보게 될 때, '나비파, 에드워드 호퍼, 알렉스 카츠'가 떠오르면서 그 맥락 속에서 기억된다.

오너의 작품 중 하나를 선택해야 하는 순간이 오면, 나비파의 장식적이고 신비적인 색채가 있고, 사실 재현에 그치지 않고 감정을 표현한 작품을 고르면 된다. 이렇게 작가별로 훈련이 되면, 처음 본 작가라도 간단한 인터뷰 내용과 이력만으로도 가장 좋은 작품을 선택할 수 있게 된다.

미술 전문가처럼 보이려는 행동이 오히려 초보자임을 드러낸다

미술 전문가로 보이려는 행동이 오히려 초보자를 드러낸다는 건, 미술계에 처음 발을 들였을 때 누구나 한 번쯤 겪는 일이다. 이 세계는 겉으로 보기엔 자유롭고 창의적일 것 같지만, 실제로는 그 안에 보이지 않는 규칙들이 존재한다. 흥미로운 건, 그 규칙을 누가 알려주지는 않는다는 거다. 대신, 그 규칙을 자연스럽게 받아들이는 사람에게는 생각지도 못한 기회가 열리기도 한다. 반대로, 그걸 모르고 넘어가는 사람은 어느 순간 미술계의 문턱을 넘지 못하는 자신을 발견하게 된다.

이 글에서는 'No rule is the rule', 즉 '규칙이 없는 것이 규칙'처럼 보이는 이 세계에서 어떻게 더 매력적인 컬렉터로 보일 수 있을지, 그리고 꼭 지켜야 할 것들이 무엇인지 나눠보고자 한다.

갤러리에서 작품을 산 후 5년 안에 경매에 내놓지 않는 것

갤러리스트에게 전속 작가는 소중한 자식 같다고 생각하면 된다. 갤러리스트에겐 돈이 우선순위라기보다는, 작품을 오래 아껴줄 주인을 찾는 것이 더 중요하다. 그래서 갤러리에서 작업을 제안받았다는 건, 그들이 나를 신뢰하고 있다는 뜻일 수 있다. 만약 내가 구하기 어려운 작업을 제안받았다면, 내가 갤러리에게 '예쁨'을 받고 있다는 신호로 볼 수 있다. 특히 유럽에서는 아시아 컬렉터에게 관심이 커져서, 파리에서 나도 여러 차례 좋은 작품을 제안받는 경험을 했다.

어떤 갤러리에서는 5년 안에 작품을 경매에 되팔지 않겠다는 합의서를 작성하기도 한다. 그냥 '괜찮겠지.' 하고 경매에 내놓으면, 첫째는 경매사에서 받아주지 않을 것이고, 둘째는 해당 갤러리가 법적 조치를 취할 수 있다. '그럼 그 갤러리에서만 안 사면 되지'라고 생각할 수도 있지만, 이 세계는 생각보다 좁다. 어느새 당신은 블랙리스트에 올라 있을지도 모른다.

작품 크기를 '호수'로 굳이 말할 필요 없다

'100호(162.2×130.3㎝) 작업인가요?'라고 묻는 건 한국과 일본에서나 통하는 이야기다. 유럽이나 미국에서는 '호수'라는 개념을 잘 모른다. 그런데, 미술에 막 입문한 사람들이 자주 그림 사이즈를 호수로 이야기하는 걸 종종 본다. 미술계 종사자가 아니라면, 개인적으로는 그럴수록 오히려 덜 전문적으로 보인다. 해외에서는 작품 크기가 다양하기 때문에, 호수보다는 정확한 사이즈를 물어보는 것이 더 자연스럽다.

재료에 대한 질문은 잠시 미뤄두기

어떤 분들은 작품 감상보다는 재료에 더 집중하신다. 물론 소장할 거라면 그 작품이 어디에 걸릴지, 어떤 재료로 만들어졌는지가 궁금할 수 있지만, 너무 재료에만 집착하다 보면 작품이 주는 에너지를 놓칠 수 있다. 중요한 건 그 작업이 나에게 어떤 감정을 불러일으키는가, 작가의 에너지를 느낄 수 있는가 하는 부분이다. 재료에 대한 고민은 구매할 때 충분히 해도 늦지 않다.

지적 전투력을 잠시 잠재우기

역설적이지만, 진정한 컬렉터가 되고 싶다면 너무 노력하지 않는 것이 오히려 더 효과적이다. 갤러리와 경매사는 판매를 위한 공간이니, 그들이 모든 정보를 친절하게 설명해주지 않는다고 불평할 필요도 없다. 물론 작가의 작업 세계나 작품의 의미를 묻는 건 자연스러운 일이지만, 지식 욕심에만 집착하다 보면 오히려 벽을 느끼게 될 수도 있다. 반대로, 작품 내용은 묻지도 않고 가격만 물어보는 것도 좋은 인상을 주지는 않는다. 적절한 균형을 맞춰서 대화를 나누는 것이 중요하다.

결국, 진짜 중요한 건 편안한 태도다. 꼭 지켜야 할 규칙은 5년 안에 경매에 되팔지 않는 것뿐이고, 나머지는 작품을 마음껏 즐기는 데 집중하면 된다. 여유로운 마음으로 작품을 감상하다 보면 자연스럽게 지식도 쌓이고, 매력적인 컬렉터로 보일 수 있다.

컬렉션의 성패를 좌우하는 비밀병기

컬렉션 기간과 안목은 비례하지 않는다

사람들을 만날 때면 "저는 미술 시작한 지 얼마 안 돼서 잘 모릅니다. 안목이 없어요."라는 말을 인사보다 먼저 하곤 한다. 이 말의 전제는 컬렉션 기간과 안목이 비례한다는 뜻인데, 내가 겪은 바로는 그렇지 않다.

처음에는 미술을 잘 모르지만, 열정적으로 여기저기 둘러보고 작품을 구매하며 작품 가격이 오르는 쾌감을 느끼기도 했다. 5년쯤 지나서는 미술계 사람들과 어울리며 인사하는 재미에 빠져 미술이 더욱 즐거워졌다. 그러다 내 마음을 몰라주는 갤러리스트가 미워지기도 하고, 작가들에게 기대했던 순수함이 작업 속에 보이지 않는 것 같고, 구매한 작품이 오히려 애물단지가 되어 미술에 대한 흥미가 시들해지기도 했다. 인기를 끄는 작품을 봐도 더는 설레지 않았다.

10여 년이 지나, 마치 머리를 세게 맞은 것처럼 깨달음을 얻었다.

'무조건 즐거워야 한다.'

컬렉션의 성패를 좌우하는 비밀병기를 알게 된 것이다.

너무 당연한 말이지만, 컬렉션을 통해 목표를 이루려 하기보다는 모든 과정에서 즐거움을 느껴야 한다. 작품을 리서치하는 순간도, 갤러리에서 작품을 고르는 분주함도, 경매에서 높은 가격에 낙찰될 때의 긴장감과 쾌감까지도 말이다. 심지어 과도한 운송비가 나오거나, 몇 년 만에 받은 주문제작 작품의 가치가 떨어졌다고 해도 말이다. 모든 순간이 내 자신이며, 그 과정에서 살아있음을 느끼는 것이 중요하다.

그래서 각자는 '즐거움을 지속하는' 자기만의 방법을 만들어야 한다. 컬렉션은 평생 하는 것이고, 언젠가 한 번쯤 슬럼프가 찾아오기 마련이다.

컬렉션이 재미없고 그만두고 싶을 때

컬렉션을 잘하는 방법을 알려주겠다고 해놓고, 그만두고 싶을 때의 예방책을 먼저 말하는 것이 이상하게 들릴지도 모른다. 하지만 이 책을 읽고 있다면 이미 미술을 사랑하기로 마음먹으신 분들이니, 지금의 열정에 대해서는 걱정하지 않아도 될 것 같다. 불씨가 꺼지기 전에 다시 불을 붙이는 자기만의 방법이 필요하다.

내 경우, '래리 리스트(Larry's List)'에서 뉴욕 맨해튼의 어느 거실에 요시토모 나라의 작품이 걸린 사진을 보며 '나도 저렇게 집을 꾸미며 손님을 초대해야지'라고 생각하며 나라의 페인팅이 있는 내 집을 상상해 본다.

혹은, 누군가 내게 몇십억 예산으로 작품 구매를 의뢰한다면, 일주일 안에 살 작품들의 포트폴리오를 구성해 보기도 한다.

미술 투자가 동기부여가 될 수 있냐고 물으신다면, 처음에는 미술로 돈을 벌 수 있겠다는 막연한 생각이 있었다. 시간이 지나며, 미술로 돈을 번다는 것은 마음만으로 되는 게 아니라는 것을 알게 되었다. 미술로 돈을 벌기 위한 동기부여는 적합하지 않지만, 그렇다고 해서 금전적 손해를 봐서도 안 된다.

마지막으로, 전시장 가벽을 스케치북 크기의 모형으로 만들어 놓고, 내가 구매한 작품을 배치해 본다. 작가들이 전시 준비할 때 전시장 모형을 만들어 작품을 배치하는 모습을 보고 따라 해보았는데, 덕분에 내가 산 작업을 외우지 않아도 언제나 기억할 수 있게 되었고, 언젠가 내 컬렉션 전시를 한다는 상상만으로도 가슴이 벅차올랐다.

주변의 말은 듣지 않아도 된다

열정에 불을 지피는 것도, 작품을 고르고 사고파는 것도 모두 나의 몫이다.

컬렉션은 당시의 의사결정이 담긴 나의 분신이며, 평생 함께하는 삶의 한 부분이다.

그러니 누군가가 내가 좋아하고 구매하는 작가와 작품에 대해 평가한다면, 귀를 막으면 된다.

컬렉션은 철저히 나만의 작업이며, 이를 평가할 사람은 아무도 없다. 다만, 컬렉션이 자산이 되기 위해서는 작가와 작품을 선택하는 방법, 사고파는 시기에 대한 조언을 받을 수는 있다. 직업이 아닌 사람이 미술시장을 관찰하며 시간을 쏟기란 쉽지 않으니 말이다.

그러니, 컬렉션을 처음 시작한다고 해서, 잘 모른다고 주눅 들 필요는 없다. 내가 관심을 두고 좋아하는 취향에 대해 당당히 말하면 된다.

친절의 시기를 인식하기

갤러리 디너, 파티에 초대받기 위해 작품을 사는 사람을 종종 본다. '돈 주고 사 먹으면 될 것을'이라고 생각할 수도 있겠지만, 그 미술그룹에 초대받아 손님으로 참석한다는 쾌감을 한번 맛보면 '이 정도면 1년에 몇천만 원 정도는 써도 괜찮지 않을까?' 하는 묘한 병에 걸리게 된다. 갤러리에서 도도하기로 유명한 담당자가 나를 반갑게 맞아주고, 아트페어 부스나 전시장에서 나만을 위해 특별한 작품을 보여주는 기분이 들면, 나도 모르게 그 갤러리의 충성 고객이 되고 싶어진다.

내가 한국 미술계에 첫발을 디딘 곳은 미술재단이었다. 해외 작품 구매가 주 업무였던 나는 혼자서 해외 아트페어에 가서 작품을 조사하고, 구매 타당성 보고서를 작성하며, 갤러리 담당자를 만나 신뢰할 수 있는 사람인지 확인하는 일을 주로 했다. 그때는 여러 갤러리 디렉터들의 환대를 너무 당연하게 여겼다. 그러다 퇴사 후에야 알게 되었다. 그것이 바로 미술계에서 누릴 수 있는 아주 특별한 특권이었다는 사실을 말이다.

퇴사 후엔, 그 디렉터들이 나를 봐도 본척만척했다. 더는 구매자 위치에 있지 않았기 때문이다. 그렇지 않은 사람도 몇 명이 있긴 하지만 말이다. 그중 두 명의 아트디렉터는 여전히 나를 변함없이 지지해 주고 있다. 그렇게 나는 미술계의 '친절의 시기'를 배우게 되었다.

송금하기 전까지

지금도 작품을 살 때면, 갤러리는 어김없이 친절하다. 마치 내가 엄청난 컬렉터가 된 듯한 기분이 든다. 하지만 그건 송금 전까지다. 송금이 끝나면 그 후의 과정은 거의 나의 몫이다. 보험부터 운송, 국내 도착 후 설치까지, 갤러리는 몇 가지 운송사 옵션을 제시해 주며 가격 비교를 도와줄 뿐, 나머지는 내가 알아서 해결해야 한다. 해외에서 작품을 구매할 때는 송금 후 작품을 받기까지 최소 2개월에서 길게는 2년까지도 걸린 적이 있다.

주문제작(커미션) 작품은 웬만하면 피하자

지금까지 3번 주문제작 작품을 구매해 봤다. 매번 '이제는 하지 말아야지' 결심하면서도 또다시 제안이 들어오면 어김없이 하게 된다. 가장 최근 주문한 작품은 2년 반 전에 의뢰했는데, 인제야 완성됐다고 연락이 왔다. 그 작품은 아직도 프랑스 작가 작업실에 있다.

주문제작 과정에서 항상 느끼는 건, 계약금 반을 송금하고 나면 이후에 거의 소식이 없다는 점이다. 초안조차 받지 못하고, 어떤 작품이 나올지 조마조마하게 기다리는 시간이 꽤 길다. 지금까지는 다행히도 결과물이 마음에 들어서 괜찮았지만, 그렇지 않았다면 몇 날 며칠을 나 자신을 원망했을 것이다. 커미션 작품은 갤러리의 개입이 적어 고객 관리가 부족한 경우가 많다. 그렇게 나는 작가 스튜디오와 갤러리의 '친절의 시기'도 배우게 되었다.

이후, 마음이 편해졌다

이렇게 '친절의 시기'를 깨달은 나는 이후 더는 갤러리의 환대에 과하게 반응하지 않게 되었다. 그들의 저녁파티에 초대받기 위해 애쓰지도 않았다. 그들이 베푸는 친절은 철저히 비즈니스적이라는 걸 깨달았기 때문이다. 내가 어려움에 부닥쳤을 때 나를 도와줄 절친이 아니라는 점도 말이다.

이제는 작품 거래를 할 때 더 객관적인 마음을 유지하며, 꼭 지킬 것은 지키고, 과한 부탁은 하지 않으며, 적당한 친절만 받는다. 그렇게 편안하게 물 흐르듯 관계를 유지하다 보니, 갤러리도 나와의 거래를 더 편하게 생각하는 것 같다. 좋은 작업을 더 캐주얼하게 제안받는 일이 많아졌다.

갤러리스트들도 바쁜 업무 속에서 돈이 많고 적음을 떠나, 거래가 편한 사람과 일하기 마련이다. 너무 복잡하게 생각하지 말고, '친절의 시기'를 인식하면서 그저 흐르는 대로 자연스럽게 행동하면 된다.

II.

미술품이 곧 화폐인 이유

미술품은 하나의 화폐다

　미술품은 세계 어디서든 통용 가능한 일종의 화폐다. 예술품을 두고 화폐에 비유하는 것이 다소 의아할 수 있지만, 미술품은 자산으로서 매우 강력한 가치를 지니고 있다. 때로는 전 세계에서 사용하는 미국 달러보다 더 강력한 힘을 발휘하기도 한다. 좋은 작품을 소장하고 있다면, 그 작품의 가치는 소장자가 원하는 화폐로 환산되고, 그에 맞춰 작품 대금을 지급해야 한다. 그래서 나는 작품을 고를 때 최소한 세 개 이상의 국가에서 통용될 수 있는 작품을 찾는다. 처음에는 굳이 그럴 필요가 있을까 싶지만, 재판매를 고려하게 되면 그 중요성을 절실히 느끼게 된다.

한국작품을 선호하지 않는 게 아니다

내가 소장한 작품 중 한국 작가의 작품은 몇 점 되지 않는다. 그렇다고 해서 한국 작가를 선호하지 않는 것은 아니다. 단지 시간이 지나면서 한국 이외의 다른 국가에서도 가치가 인정될 작품을 찾다 보니 그런 결과가 나왔을 뿐이다. 작가들 또한 이 관점을 이해한다면, 해외시장에 진출하는 것이 얼마나 중요한지 알게 될 것이다.

미국 작가의 경우, 이미 활성화된 시장 덕분에 자산 가치가 없더라도 재판매할 기회가 비교적 많다. 미국은 미술시장이 가장 크고 성숙한 곳 중 하나이기 때문이다. 반면, 다른 국가의 경우, 프랑스, 영국, 중국, 일본 등 다양한 국가에서 작품이 받아들여지면 그 작가는 어느 정도 안전한 위치에 들어간다고 볼 수 있다. 그래서 나는 천만 원 이상의 작품을 살 때, 최소한 세 개국에서 거래 가능성을 살펴본다. 개인전이나 그룹전이 여러 나라에서 열리고 있다면, 그 작가가 국제적으로도 통용될 가능성이 커진다.

예를 들어, 박가희 작가는 1985년 서울 출생으로, 현재 몬트리올에 거주하며 작업을 이어가고 있다. 그녀는 미국에서 대학을 졸업하고, 현재 페로탕 갤러리와 전속 계약을 맺고 있다. 이후 이 갤러리의 서울, 뉴욕, 파리 지점에서 개인전을 열게 되었는데, 이는 그녀의 작품이 이미 세 개국에서 거래 가능해진 걸 의미한다. 거기에, 최근 그녀는 뉴욕 존 F. 케네디 국제공항 제6 터미널의 공공미술 프로젝트 참여작가로 발표됐다. 이는 그녀의 작품성이 국제적으로 좀 더 안정적인 통화가 되었다고 생각하면 된다. 물론, 내 머릿속으로만 생각하고 다른 사람에게는 작품을 화폐와 비교하는 말은 최대한 하지 말자. 어찌 됐건 미술은 정신적인 거니깐.

나는 걸어 다니는 환율 계산기

나는 습관처럼 미국 달러, 일본 엔, 유로, 파운드 환율을 확인한다. 송금 시점을 잘 잡아야 작품 가격을 유리하게 조정할 수 있기 때문이다. 지금은 미술시장이 다소 느려진 시기라 나 또한 천천히 구매를 진행하고 있지만, 한창일 때는 매일 환율을 점검하며 좋은 타이밍을 기다렸다. 작품 금액이 커질수록 환율 차이를 무시할 수 없다. 그러다 보니 어느새 나는 걸어 다니는 환율 계산기가 되었다.

참고로, 작품 구매 시 금액은 인보이스에 적힌 대로 그대로 송금해야 하며, 송금 수수료는 구매자가 양쪽 모두 부담해야 한다. 그래야 인보이스에 적힌 작품 금액이 받는 사람 통장에 찍힌다.

정점이 꺾이는 건 한순간이다

　9월의 프리즈 서울에서 우연히 카우스(KAWS)를 만났다. 오랜 팬이라며 반갑게 다가가 사진도 찍었지만, 사실 나는 이제 그의 팬이 아니다. 몇 년 전까지만 해도 카우스의 아트토이를 모았지만, 모두 선물로 주거나 팔아 지금은 하나도 남아 있지 않다.

　불과 3년 전만 해도 그의 원본 작품은 물론이고, 토이 하나 구하는 것조차 어려웠다. 그가 '토이 왕자'로 불리며 미술계의 주목을 받던 시절이었다. 그런데 지금, 주요 미술시장에서 그의 인기가 이렇게 빠르게 식을 줄은 누구도 예상하지 못했다. 이번에 다시 마주한 카우스의 표정은 예전만큼 밝지 않았다. 몇 년 전 그에게서 느껴졌던 힙함과 에너지가 사라진 듯 보였다.

작가로 산다는 게 쉽지 않아 보인다

한때 나는 꾸준히 작업하지 않는 작가, 스타일이 늘 같은 작가, 중간에 작업을 그만두는 작가를 비판하곤 했다. 하지만 이제는 그런 생각이 달라졌다. 작가라는 삶이 얼마나 고되고 외로운지 가까이에서 지켜볼 기회가 많아졌기 때문이다.

작가들은 매일 작업을 해야 하고, 영감을 받아야 하며, 자신만의 에너지를 작품에 담아내야 한다. 매일매일 성실히 작업을 이어가야 하는 그들의 삶은 고독한 방랑자의 여정과도 같다. 신작을 내놓을 때마다 어떤 반응을 받을지 모르는 두려움과 마치 알몸을 드러내듯 개인전을 준비하는 과정은 작가들에게 엄청난 부담으로 다가올 거다. 그리고 그 자리에서 자신의 작품이 평가받아야 한다는 압박감은 이루 말할 수 없을 것이다.

그런데도 작가들은 사람들 앞에서는 진지한 태도를 유지해야 하고, 때로는 마음대로 그린 작품에 대해 논리적인 설명까지 해야 한다. 더구나 일인 기업처럼 아이디어부터 제작, 마케팅, 협상까지 모든 과정을 스스로 해내야 하니, 그야말로 서바이벌 게임을 치르는 것과 같은 삶일 것이다. 그래서 이제는 어떤 작가가 갑자기 혜성처럼 사라지거나 활동을 중단해도 비난하지 않기로 했다. 단, 자신의 길을 진지하게 걷는 작가에 한해서다.

작업의 훌륭함이란 뭘까

작가의 작업이 항상 훌륭할 수만은 없다. 작업의 "훌륭함"이라는 기준이 단순히 예쁘거나 전성기 시절의 스타일을 유지하는 것이 아니라, 그 작가의 삶이 고스란히 녹아든 작품이라는 점을 생각해 본다면, 그 작업은 충분히 가치가 있다. 작가는 사람이고, 작품은 그 사람의 생각과 기운이 담긴 결과물이다. 경쾌할 때는 밝고 가벼운 그림이 나올 수 있고, 우울할 때는 어두운 색조의 그림이 나올 수 있다. 이처럼 작가의 작업은 그의 삶의 시기에 따라 다르게 표현된다.

그래서 나는 작품을 볼 때 제작 연도를 꼭 확인한다. 그 시기에 작가에게 어떤 일이 있었는지, 그리고 그것이 작품에 어떻게 반영되었는지 매칭해 보는 것이 중요하기 때문이다. 예를 들어, 피카소의 '청색 시대'는 그의 친구가 자살한 후의 우울한 시기를 반영하고 있다. 1901년부터 1904년까지의 이 시기에 제작된 피카소의 작품은 입체주의가 도입되기 전의 것이지만, 그 차가운 파랑 속에서도 피카소 특유의 감정을 느낄 수 있다면, 그것은 분명 명작이다.

결국, 작가의 삶이 작품에 투영되지 않는다면, 그 작품은 거짓이거나 남의 것을 베낀 작업일 확률이 높다. 그래서 나는 작업과 삶이 하나로 연결된 작가의 작품을 선택하는 것이 거의 정답이라고 생각한다. 작가는 자신의 내면을 시각적인 언어로 표현하지 않으면 살아갈 수 없는 존재이기 때문이다.

단 한 명의 손에서만 미술품은 빛이 난다

최근 미술시장은 슬로우한 시기에 접어들었다. 하지만, 한 사람의 컬렉션이 경매에 나오는 싱글 오너 컬렉션은 여전히 시장 흐름을 타지 않는다. 오히려 작가들의 최고가 기록을 세우고 있다.

이유는 간단하다. 시대별로 의미 있는, 수준 높은 작품들이 한꺼번에 나오는 기회를 잡으려는 구매자들의 열정이 큰 부분을 차지한다. 하지만 더 중요한 것은 작품의 이력(provenance), 즉 한 사람의 사랑을 오랫동안 받아온 작품이 지니는 가치다.

프로비넌스라 불리는 작품 이력은 작가의 손에서 시작해, 어디에서 전시되었는지, 어떤 도록이나 저서에 수록되었는지, 그리고 기관이나 개인 컬렉터가 소장했는지 등을 포함한다. 특히 미술시장에서 높은 평가를 받는 프로비넌스는 단순히 저명한 기관이나 컬렉터의 소유 기록이 아니라, 한 주인의 오랜 사랑을 받은 작품일 때 더욱 귀하게 여겨진다. 작품이 이곳저곳을 떠돌다 보면 관리가 소홀해질 가능성이 있고, 왜 그 작품이 한 컬렉터에게 오래 머물지 못했는지 의심을 살 수도 있다. 이런 싱글오너 컬렉션이 갑자기 시장에 나오는 이유는 소장자의 죽음, 이혼, 상속 등의 개인사 때문이다.

작품은 온전히 내 것이어야 한다

투자의 개념으로 그림을 공동명의로 사는 모임을 하시는 분들을 종종 본다. 하지만 이 경우, 갤러리에서 좋은 작품을 받기 어렵다는 사실을 기억해야 한다. 첫째, 갤러리는 작가가 성장하는 동안 작품을 오랫동안 사랑해 줄 소장자를 찾는다. 만약 투자 목적으로 공동 소유를 한다면, 갤러리 세일즈 담당자는 오래 팔리지 않은 재고를 제안할 가능성이 크다. 둘째, 공동소유자는 작품을 자신의 공간에 걸고 싶어할 것이고, 이 과정에서 불협화음이 생기기 쉽다. 마지막으로 작품을 팔 때, 가격이 좋게 나오면 서로 자기 덕분이라고 더 많은 이익을 요구하고, 반대로 손실이 발생하면 소송까지 가는 경우도 종종 보았다. 작품을 혼자 소유하면, 성공해도 내 덕이고, 실패해도 배운 경험이 된다. 다음번에는 더 좋은 작품을 선택할 수 있는 값진 실패다.

아트펀드라면 더더욱 안 된다

아트펀드가 유행처럼 번지던 시절이 있었다. 주로 미술시장이 호황일 때 이런 현상이 주기적으로 나타난다. 코로나19 이후 2021년과 2022년이 그랬다. 미술시장이 물풍선처럼 부풀었고, 작품성보다는 개인의 취향과 감정이 우선되던 시기였다. 하지만 그 당시 인기 있던 작가들의 작품 중, 지금은 거래조차 되지 않는 경우가 많다. 미술품을 혼수로 선택한 신혼부부나, 투자 자산으로 생각하고 작품을 구매한 젊은 사업가들은 시장이 하락하면서 큰 상처를 받았다. 이건 결코 구매자들 탓이 아니다. 미술이 곧 투자라는 분위기와 일부 딜러들의 무조건 오른다는 잘못된 판매방식 때문이다.

또한, 자산운용사가 운용하는 미술 투자도 피해야 할 이유는 분명하다. 투자사가 작품 구매를 위해 갤러리에 연락하면, 갤러리는 투자를 목적으로 하는 곳에 좋은 작품을 제안하지 않는다. 결국, 투자사는 경매나 딜러 등 2차 시장에서 이미 가격이 정점에 달한 작품을 구매하게 된다. 여기에 운용 과정에서 발생하는 수장고 비용, 운송비, 인건비, 수수료, 고객 관리비용 등을 고려하면, 투자 원금을 지키는 것조차 다행인 경우가 많다.

지난 성공 사례는 내 사례가 아니다

런던에서 아트 비즈니스를 공부할 때, 졸업 후 하고 싶었던 건 아이러니하게도 아트펀드를 만드는 것이었다. 그 이유는 수업 시간에 배운 영국 철도 연금펀드(British Rail Pension Fund) 사례 때문이었다. 이 펀드는 1970년대에 설립되어 약 4000만 파운드(지금 환율, 약 743억 원)를 예술작품에 투자했다. 이후 매각을 통해 1억9000만 파운드(지금 환율, 약 3,528억 원)가치를 만들었다. 투자 기간의 총 수익률은 375%, 연평균 수익률은 11~21%로 평가된다. 이러한 결과는 당시에는 영국 정부가 철도 직원들의 연금을 다각화하기 위해 만든 기관 펀드로 매우 안전했고, 매각 시점인 1990년대에는 인상주의 및 후기 인상주의 작품 가격이 급등하던 시기였기 때문이다. 또한, 보유 기간이 17년이라는 장기 펀드였고 연금으로 운용되었기 때문에 개인이 마음대로 엑시트할 수 없는 구조였다. 이후 많은 아트펀드가 런던, 뉴욕, 싱가포르, 홍콩 등에서 생겼지만, 성공 사례는 거의 없었다.

그래도 성공한 사례가 내 사례가 될 수도 있잖아요

물론이다. 나만의 성공적인 사례를 만들 수 있다. 하지만 단 하나의 소유권만이 미술품의 가치를 극대화할 수 있다는 사실은 이미 많은 사례에서 증명됐다. 정말로 좋아하는 작품을 발견했다면 공동 소유를 원하지 않을 것을 나 자신이 누구보다 잘 알 것이다.

가장 최근 성공적인 아트펀드로는 2001년에 필립 호프먼(Philip Hoffman)이 설립한 파인아트 펀드그룹(Fine Art Fund Group)이 있다. 호프먼은 소더비에서 CFO로 재직하며 미술시장과 재무를 모두 이해한 전문가였기에 유동성이 적은 고가 작품을 장기 보유하는 전략을 택했다. 하지만 결론적으로 시장 환경 등의 영향으로 성과는 기대에 미치지 못했다. 2008년 금융 위기 이후 투자자들이 이탈했고 장기간 자산이 묶이는 것을 견디지 못한 이들이 많았기 때문이다.

미술품은 오직 혼자 구매하고, 소유하고, 판매해야 한다. 오랜 시간 사랑하며 잘 관리한 작품은 나중에 재판매할 때 재정적 효도까지 해줄 수 있는 자산이 될 것이다.

미술에 대한 환상 안경을 벗어라

뉴욕현대미술관과 미술의 자본 논리

뉴욕현대미술관(MoMA)은 단순한 미술전시 공간이 아니다. 미국이 현대미술의 중심지로 자리 잡기 위해 전략적으로 만들어진 요충지다. 이곳에 소장된 작품들은 유럽 근대미술부터 미국 현대미술까지 아우르며, 그 범위가 어마어마하다. 컬렉터가 되기 위해 교재가 필요하다면, MoMA 소장품책을 필수로 추천할 만큼 중요한 곳이다. 한국에서는 배우 송혜교가 오디오 설명을 제공해 더욱 널리 알려져 있다. 하지만 이 미술관을 단순한 문화적 명소로 바라보는 것은 미술과 자본의 깊은 관계를 놓치는 것이다. 미국이 세계 미술시장에서 1위를 차지한 이유는 단순히 예술적 우수성 때문이 아니다. 그 배경에는 막대한 경제력이 뒷받침되었기 때문이다. 미술과 자본은 매우 긴밀하게 연결되어 있으며, 미국의 강력한 경제력은 그들이 현대미술과 동시대미술의 리더로 자리 잡게 한 주요 요인이다.

미국 미술시장의 전략적 탄생

미국이 2차 세계대전 이후 급부상한 경제력을 바탕으로 '자유로운 에너지'라는 브랜드를 구축하려 했을 때, 그 중심에는 미술이 있었다. 2차 세계대전 이전까지는 유럽이 미술시장을 지배하고 있었으나, 이후 미국은 막대한 자본을 투입해 전략적으로 자신들만의 독자적인 미술 스타일을 만들어내기 시작했다. 그 대표적인 결과물이 바로 추상표현주의다. 잭슨 폴록, 마크 로스코, 윌렘 드 쿠닝과 같은 대표 작가들이 미국만의 독창적인 스타일을 창조하며 이 흐름을 주도했다.

이어서 앤디 워홀의 팝아트가 등장하면서 미국 미술은 또 다른 전성기를 맞이했다. 중산층의 부상과 소비주의를 주제로 한 팝아트는 오늘날까지도 미술시장에서 막대한 영향력을 발휘하고 있다. 여기에 장 미셸 바스키아의 미국적인 표현주의와 그라피티적인 대중화가 더해지면서, 현재의 강력한 미국 미술시장을 구축하게 되었다. 이 주축 작가들이 빠진 경매는 매출을 포기한 것이나 다름없을 정도로, 이들 장르는 여전히 전 세계 미술시장의 핵심으로 자리 잡고 있다.

미술관 입장에서도 이러한 상징적인 작가들의 작품을 소장하는 것은 필수적이다. 그래서 가격이 오르더라도 이들의 작품을 확보하지 않을 수 없다. 예를 들어, 2017년 일본의 컬렉터 마에자와 유사쿠가 바스키아의 1982년 작품을 소더비 경매에서 약 1억 1050만 달러(당시 환율, 약 1,248억 원)에 낙찰받으면서 큰 주목을 받았다. 이는 바스키아 작품 중 최고가를 기록한 사례로, 그의 명성을 더욱 공고히 했다.

이와 같은 이유로, 메트로폴리탄 미술관, 휘트니 미술관, 구겐하임 미술관 등 미국의 주요 미술관들은 이러한 장르에 대한 대규모 전시를 정기적으로 개최하며, 이러한 작품들이 사람들의 기억 속에 끊임없이 남아 있도록 전략적으로 관리하고 있다.

트루먼쇼 같은 미술시장

미술시장은 마치 영화 트루먼쇼처럼 철저히 계획된 각본 속에서 움직인다. 이 각본을 쓰는 사람들은 세계 최고의 부호들이며, 대형 갤러리, 미술관, 경매사들이 한 팀을 이뤄 그 각본을 실행한다. 이들은 원하는 순간에 스타작가를 만들어낼 수 있고, 반대로 그 작가를 시장에서 잊히게 할 수도 있는 막대한 영향력을 행사한다.

한번 가정해보자. 갤러리가 주목하는, 성장시키고 싶은 작가가 있다고 하자. 이 경우, 갤러리는 신뢰할 만한 미술계의 영향력 있는 컬렉터들에게 그 작가의 작품을 제안하고, 이후 유수의 미술관에서 해당 작가의 전시를 지원해 전시가 열리게 한다. 미술관은 전시된 작품 중 일부를 구매해 소장함으로써 작가에 대한 신뢰와 가치를 더해준다. 이렇게 개인 컬렉터와 기관 컬렉터들로 이루어진 견고한 지지층이 형성되면, 그 작가는 시장에서 '성장 가능성이 큰 안전 범위' 안에 들어서게 된다.

이 지지층은 작가가 성장하는 동안 무리하게 작품을 경매에 내놓지 않으며, 만약 작품이 경매에 나와도 갤러리는 적절한 가격으로 방어 경매에 나선다. 이렇게 작가는 시장에서 보호받으며, 주기적인 갤러리와 미술관 전시를 통해 점차 스타작가로 자리 잡는다.

이 과정에서 지지층에 속한 컬렉터들 역시 다양한 혜택을 누린다. 오랜 시간 기다려준 보상으로, 그들은 갤러리 커뮤니티에서 제공하는 디너 초대, 전시 프리뷰, 비공개 정보제공 등의 특권을 누리며, 구하기 어려운 신진 작가의 작품을 우선으로 구매할 기회도 얻게 된다. 이렇게 소장한 작품들은 십여 년 후 경매 시장에 나왔을 때, 소더비나 크리스티 같은 주요 경매사에서 높은 수익을 올릴 가능성이 매우 크다.

미술시장은 이처럼 대형 갤러리, 큰손 컬렉터, 그리고 유명 미술관의 행보에 따라 움직이며, 그들의 결정이 미술시장의 판도를 좌우한다. 이런 구조 속에서 개인 컬렉터는 무엇을 해야 할까? 가장 중요한 것은 자신이 왜 작품을 수집하는지 명확히 아는 것이다. 이 대답에 따라 자신의 컬렉션 방향성을 설정하는 것이 우선이다. 컬렉션을 단순한 취미로 할 것인지, 자산으로서의 가치를 고려할 것인지, 그리고 어떤 미술계 플레이어들의 취향을 관찰하고 따를 것인지 결정해야 한다.

작가도 사업가여야 살아남는다

오늘날 작가는 더는 순수하게 작품만 만들어 시장에 내놓는 시대에 살고 있지 않다.

작가는 하나의 '작은 기업'과 같다. 작가는 자신을 스스로 하나의 브랜드로 만들고, 작업을 효과적으로 홍보하고 판매해야 한다. 어느 정도 알려진 작가가 되더라도, 독창적인 작업을 지속하는 것만으로는 충분하지 않다. 갤러리와 미술관과 긴밀한 관계를 유지하며, 전시 기획자나 컬렉터 등 미술계 주요 인사들과 지속적으로 교류하며 자신의 존재감을 확장해 나가야 한다.

단순히 작품을 만드는 데에만 그치지 않고, SNS를 통한 팬들과의 소통 역시 중요한 요소가 되었다. 예를 들어, 무라카미 다카시가 운영하는 카이카이 키키(Kaikai Kiki)갤러리의 미스터(Mr.), 오타니 워크샵, 아야 타카노와 같은 작가들은 젊은 세대의 감성을 반영한 작품을 내놓으며, SNS를 통해 자신들의 일상과 전시 소식을 팬들과 공유한다.

이처럼 작가는 작품을 창작하는 예술가이면서도, 브랜드를 구축하고 소통하는 사업가로서의 역할도 함께해야 지속적으로 미술계에서 살아남을 수 있다.

무용한 것들을 사랑하는 이유, 미술과 아름다움의 본질

"난 이리 무용한 것들을 좋아하오. 봄, 꽃, 달."

이 대사는 내가 좋아하는 드라마 미스터 선샤인에서 나온다.

최근 미술시장이 천천히 움직이면서 미술이 자산으로서의 가치를 잃는 것이 아닌가 걱정하는 사람들을 종종 만난다. 하지만 내 대답은 언제나 명확하다. '아니다.' 미술은 인간의 원초적 욕구, 그리고 봄, 꽃, 달처럼 아름다움에 대한 본능과 깊이 연결되어 있다. 자산으로서의 가치가 흔들릴지라도, 미술은 여전히 중요한 자리를 차지한다. 그것은 단순한 경제적 가치로는 평가할 수 없는, 무용하지만 인간의 내면을 충만하게 채워주는 원초적인 아름다움도 지니고 있기 때문이다.

아름답다는 것

나에게 있어 아트 컬렉션이란 아름다운 것을 소유하는 것이다. 그렇기에 '아름다움'이 무엇인지에 대한 정의가 더욱 중요하다. 사람마다 아름다움에 대한 정의는 다를 수 있다. 어떤 사람은 가치가 높다는 이유로 더 아름답다고 느끼기도 하고, 또 다른 사람은 유행하는 트렌드에 따라 아름다움을 평가하기도 한다.

내가 말하는 아름다움은 매일 보고 싶은 것이다. 옆에 있으면 기운을 북돋아 주고, 위로를 주며 마치 대화하듯이 함께하는 존재들이다. 그 대상이 향기로운 꽃이 될 수도 있고, 값비싼 보석이 될 수도 있다. 하지만 때로는 할아버지가 떠오르는 가을의 볏짚이나 내가 좋아하는 복숭아 병조림 통처럼 전혀 값비싼 물건이 아닐 수도 있다. 이 기준은 지극히 개인적이며, 추억과 감정이 담겨 있어 타인의 평가에서 벗어난 것들이다.

내가 몇 년간 가장 좋아하는 작가 중 한 명은 아야 타카노(Aya Takano, 1976~)다. 단순히 이미지나 색감 때문이 아니라, 그녀의 작품이 전달하는 메시지 때문이다. 아야는 '우리는 본질적으로 모두 같으며, 서로 교감할 수 있다.'는 이야기를 그림을 통해 전해준다. 그녀의 작품 속에서는 성별, 나이, 심지어 사람과 동물 사이의 경계까지도 무너진다. 이 경계가 허물어진 그림 속 세상은 일상의 고민과 구속에서 벗어나, 마치 맑은 산소만 가득한 공간으로 나를 데려다준다.

그렇기에 시장에서 인기 있는 작품을 보며 '왜 이렇게 값비싸고 유명한 미술품이지? 아름답지도 않은데 도무지 이해할 수 없어'라고 한번쯤 생각해 본 것은 어쩌면 당연한 일일지도 모른다. 타인의 기준으로는 이해할 수 없는 무용한 것들이지만, 그 작품은 내 감정과 함께 흘러가는 동반자일 수 있기 때문이다.

미술은 어떤 삶의 도구가 될 수 있는가

미술의 사회적 가치를 무시할 수 없다. 부가 축적되면 사람들은 자신을 남들과 다르게 표현하고 싶어 한다. 그럴 때 미술품만큼 구별 짓기를 명확하게 해주는 것은 없다. 명품도 있지 않냐고 물을 수 있지만, 미술품은 유일무이한 존재다. 명품이 여러 점 생산된다면, 미술품은 세상에 단 하나뿐이다. 작가 한 사람이 창조한 유일한 결과물이기 때문이다. 이 유일함이 나만의 정체성을 세상에 드러내 주는 역할을 한다.

개인 미술관 설립 열풍이 중진국과 선진국에서 더 강하게 일어나는 것도 이 때문이다. 성공한 사람들에게서 자신을 돋보이게 하는 가장 큰 자산 중 하나는 안목 있는 아트컬렉션일 수 있기 때문이다.

미술품 컬렉션은 단순히 아름다움을 소유하는 행위가 아니다. 그것은 곧 나 자신을 표현하는 행위다. 팝아트를 주로 소장한 사람은 외향적이고 개방적인 성향일 가능성이 크다. 반면, 김환기나 이우환, 단색화를 소장한 사람은 삶의 깊이를 중요시하며 철학적 성찰을 추구하는 경향이 있을 것이다. 이렇게 각자의 컬렉션은 그 사람의 성향과 관심사를 투영한다. 미술은 단순한 시각적 즐거움을 넘어, 나 자신을 드러내는 강력한 도구가 된다.

한국 미술의 미래는 밝다

주변에서 종종 단색화 이후 한국 미술을 이끌어갈 사조나 작가가 없다는 말을 듣곤 한다. 하지만 나는 그와는 정반대의 생각을 하고 있다. 요즘 세계 미술시장에서 활약하는 50, 60대 작가인 양혜규, 서도호, 아니카이, 이불, 김수자 같은 한국 작가들은 이미 미술시장에서 국적을 초월한 지 오래됐다. 그들의 뛰어난 작업은 작품성 자체로 평가받는다.

한국의 시대가 왔다

경제가 급속히 발전할 때, 그와 함께 미술도 성장한다. 제2차 세계 대전 전에는 유럽이, 이후에는 미국이 미술시장을 장악한 이유도 바로 그 때문이다. 이제는 아시아의 차례다. 일본이 아시아 미술의 중심지였다면, 이제 그 바통은 한국과 중국으로 넘어왔다. 아마도 10년 후에는 동남아시아 국가들이 그 영향권에 들어갈 것이다.

이전에는 미국, 프랑스, 영국 등지로 유학을 가며 해당 국가의 화풍을 익힌 한국 작가들이 세계 무대에서 활동했지만, 이제는 다르다. 국내에서 학업을 마치거나, 해외에서 활동하더라도 한국의 재료, 표현 방법, 그리고 이야기 속에 담긴 한국적인 DNA를 유지하며 작업하는 작가들이 늘어나고 있다.

이우환과 단색화 작가들만 있는 게 아니다

불과 5년 전만 하더라도 해외에서 활발하게 거래되는 한국 작가들은 이우환, 그리고 박서보, 윤형근, 정상화, 하종현 같은 단색화 작가들이 거의 전부였다. 그러나 그 외에도 자신만의 독특한 작업 세계를 구축해 어디에도 속하지 않고 자기 길을 가는 작가들이 있다. 이승택,

김수자, 이강소, 이명미 같은 작가들이 그 예다.

양혜규, 서도호, 김민정, 이배를 포함한 중견 작가들은 중간에 지지대 역할을 해주고 있고, 20대와 30대 신예 작가들까지 해외에서 활발히 활동하고 있다. 우리 작가들의 작업은 감각적으로 강렬하면서도 지적 호기심을 자극할 만큼 섬세한 표현을 보여준다. 그뿐만 아니라, 젊은 작가들의 작업은 트렌디함까지 갖췄다. 내가 주목하는 젊은 작가들로는 노상호, 김훈규, 마크양, 박가희, 선우, 양유연, 유귀미, 이미래, 임미애, 장콸 등이 있다. 이들의 작업은 미국, 프랑스, 중국(홍콩), 일본에서 활발히 전시되고 판매되고 있다. 40대 작가 중에서도 마이아 루스 리, 문성식 같은 작가들이 잔잔하지만 강렬하게 활동 중이다. 흥미로운 점은 이들 작품을 구매하는 대부분이 한국인이 아니라는 사실이다.

국가별로 미적 가치에 대한 평가 방식이 다르다

국가마다 미술시장에서 인기 있는 작품의 특성과 장르가 다르다.

미국에서는 세계대전 이후 등장한 추상표현주의의 대표 작가인 잭슨 폴록(Jackson Pollock, 1912-1956)이 가장 상징적인 존재다. 여전히 팝아트도 인기가 높다. 잭슨 폴록의 작품은 이제 미술관이나 주요 컬렉션에서만 볼 수 있을 정도로, 시장에서 찾아보기 어려운 상황이다. 현재 거래 가능한 추상표현주의 작가로는 윌렘 드 쿠닝(Willem de Kooning, 1904-1997)은 여전히 시장에서 원화구매가 가능한 작가 중 한 명이다. 그래서 미술시장의 정체에도 불구하고, 올해 3월 아트바젤 홍콩에서 하우저&워스가 판매한 드 쿠닝의 원화는 900만 달러(당시환율, 약 120억 원)에 거래되었다. 이는 그만큼 시장에서의 희소성과 가치가 높기 때문이다.

현시대를 함께 살아가는 동시대 미술을 국가별로 살펴보자. 일본은 망가(만화)가 순수미술로 자리 잡으며, 귀여운 캐릭터들이 주를 이룬다. 여기에 일본 목판화(우키요에)적 붓질과 구도, 그리고 와비사비(소박하고 은은한) 미학이 가미된 작품들이 주목받고 있다.

중국의 신예 작가들은 중국 고대 신화적 상상력을 일상을 주제로 풀어낸다. 등장하는 인물은 마치 게임 속 캐릭터처럼 현대적인 모습을 띤다. 한편, 고대 산수화 같은 화면에 미국 추상표현주의처럼 역동적인 에너지를 접목하는 등 전통과 현대를 결합한 독특한 스타일이 특징이다. 내가 관심 있게 보는 중국 신예는 딩쉬룬(Ding Shilun)과 위안팡(Yuan Fang)이다.

우리나라 신예 작가들은 감정 표현이 솔직하고 힘이 넘치는 작품을 선보인다. 직관적인 색감과 강렬한 표현으로 관객에게 신선한 감각을 선사하며, 그들의 작품은 생동감과 감정의 깊이를 동시에 전달한다.

III.

컬렉터라면 꼭 알아야 할 현실과 함정

어설픈 지식과 열정이 함정이다

미술에서도 어설픈 지식과 열정은 안목을 기르는 데 방해가 된다. 영국에서 공부하던 2008년을 돌아보면, 그때는 정말 열심히 했던 것 같다. 그럴 수 있었던 이유는 미술에 대해 백지상태였기 때문이다.

어설픈 지식보다 차라리 백지가 낫다

졸업 후 한국에서 1년 정도 학교 입학상담을 큐레이터 일과 병행했다. 런던과 싱가포르에서 학장님이 학교를 소개하러 오셨을 때 통역을 맡았고, 미술 유학 박람회 소더비 부스에서 입학 상담도 했다. 그

때 알게 된 세 분은 지금도 미술계에서 활발하게 활동 중이다. 그분들은 유학을 가지 않으신 게 오히려 좋은 선택 같다. 그 당시 이미 경매사, 미술 관련학과 교수, 미술 전문 변호사로 활동하고 계셨으니, 유학을 갔더라도 이미 알고 있는 내용이 많아 백 퍼센트 집중해서 공부와 경험을 모두 흡수하기는 어려웠을 것이다.

미술을 이미 어느 정도 알고 있는 상태에서 유학을 떠나려 한다면, 지금까지 알고 있던 것을 다 버리고 새롭게 배운다는 자세가 필요하다. 그래서 내 기준에 가장 공부하기 좋은 시기는 아무것도 몰라서 모든 것이 두려울 때다.

무슨 일이 일어날지 모르는 게 낫다

런던에서의 미술공부가 마지막 학기만 남았을 때쯤 런던에 있는 갤러리에서 인턴을 시작했다. 커피를 내오고 설거지를 했다. 겨울에는 손님들에게 줄 뮬드 와인을 직접 만들기도 했다. 작품을 포장하고 푸는 일도 일과 중 하나였다. 리셉션에서 전화 업무를 할 때는 가끔 영어를 못 알아들어 디렉터에게 혼이 나기도 했다. '나 여기서 뭐 하는 거지?'라는 생각이 들었다. 그렇게 낮에는 인턴을 하고 밤에는 논문을 쓰면서 여러 날 유학을 온 선택을 후회하기도 했다. 그러나 돌아보면 그때의 경험들이 너무나 소중하다. 한국에 와서 일을 큐레이터로 일을 시작하니 작품을 다루는 것부터 손님 응대까지, 모든 것이 자연스러워졌다. 만약 그때 갤러리 인턴이 커피 타기, 설거지, 포장일 등이란 걸 알았다면, 갤러리 인턴을 하지 않았을 것이다.

내가 정해 놓은 컬렉터의 이미지에 갇혀

그렇게 나는 런던의 3개의 갤러리에서 6개월간 인턴을 했다. 갤러리는 기본적으로 판매를 위한 공간이다. 시간과 체력상 모든 손님에게 작품을 설명할 수는 없었다. 그래서 손님들을 유심히 관찰하는 법을 배웠다. 문을 열고 들어오는 모습만으로도 이 사람이 구매 의사가 있는지, 단순히 구경하러 온 사람인지, 미술계 종사자인지 어느 정도 알 수 있었다.

하지만 처음에는 진짜 구매자를 놓친 적이 많았다. 내가 정해 놓은 전형적인 컬렉터의 이미지에 사로잡혀 있었기 때문이다. 실제로 컬렉터들은 단순하고 수수한 복장에 편안한 미소를 지닌 경우가 많았다.

늘 처음 보는 것처럼, 관찰하자

런던은 미술시장의 중심지였다. 다양한 전시와 행사가 끊임없이 이어졌고, 그 수준도 매우 높았다. 이런 환경에서 좋은 눈을 키울 수 있었고, 수준 높은 작품과 그렇지 않은 작품을 구별할 수 있는 기준이 생겼다. 중요한 점은 기준이 낮은 수준의 곳에 머물면 더 높은 곳이 있다는 사실을 모르게 된다는 것이다. 이럴 때는 우물 안에 갇혀 있다는 것을 깨닫고, 나보다 식견이 높은 사람을 찾아 새로운 것을 배워야 한다. 미술은 시각 예술이다. 눈으로 익히는 것이 가장 중요하다. 오래 보고 여러 번 관찰해야 한다. 머리로 아는 것은 금방 잊힌다.

언제나 새롭게

지금도 아트페어에 갈 때 나는 미술계 지인들보다는 미술에 처음 입문한 사람들, 혹은 전혀 다른 업종에 있는 분들과 함께 가는 것을 선호한다. 내가 주도해서 보면, 늘 익숙한 작품들만 눈에 들어와 "아트페어 작품들이 다 비슷하네"라는 결론에 도달하기 쉽다. 하지만 서로 다른 시각을 가진 사람들과 함께하면, 예상치 못한 새로운 것들이 보이기 시작한다. 모든 것을 안다고 생각하는 순간이야말로 가장 모르는 순간이다.

내가 좋아하는 게 뭔지 알기

내가 미술을 좋아한다고 생각했지만, 독일에서 5년에 한 번 열리는 현대미술 전시인 카셀 도쿠멘타(documenta)에 다녀온 후 깨달았다. 내가 모든 미술을 좋아하는 건 아니라는 사실을.

카셀 도쿠멘타는 1955년에 현대미술을 부흥시키기 위해 독일에서 시작된 전시로 미술을 통해 정치적, 사회적 이슈를 다루는 경향이 강하다. 최근에는 난민, 제국주의, 경제적 불평등 등과 같은 주제를 다루는 작품들이 두드러졌다. 개인적으로 나는 예술이 정치적 메시지의 도구로 사용되는 것을 선호하지 않기 때문에, 이 전시는 나에게 다소 힘든 경험이었다.

이 경험을 통해 내가 진정으로 좋아하는 미술과 갖고 싶은 미술에 대해 고민해보는 계기가 됐다.

페인팅만 소장가치가 있는 미술품이라고 생각했다

미술을 공부하고 자문하는 일을 해왔지만, 조각에는 크게 애착이 없었다. 단순히 소장하기 어려운 크기 때문이 아니라, 제대로 경험해보지 못했기 때문이었다.

달라스의 나셔 조각 센터에 가서야 생각이 바뀌었다. 도심 속 조각 정원에 들어섰을 때, 조각이 공간에서 생명력을 얻는다는 사실을 처음으로 깨달았다.

달라스에는 나셔 조각센터 설립자인 레이먼드 나셔(Raymond Nasher)의 조각품이 설치된 또 다른 곳이 있다. 바로 노스파크백화점인데, 이곳에 설치된 마크 디 수베로(Mark di Suvero)의 빨간색 대형 구조물도 내게 새로운 감각을 불러일으켰다.

백화점이라는 대규모 상업 공간 속에서 이 구조물은 단순한 장식이 아닌, 그 공간에 중심을 제공하며 전체적인 흐름을 잡아주고 있었다. 공간의 빈 곳을 채우는 조각의 힘과 그 존재감이 이렇게까지 중요할 수 있다는 사실을 그때 알게 되었다.

조각이 만들어내는 공간과의 하모니를 경험하면서 조각은 이제 내가 주목하는 중요한 구매 후보 장르로 자리 잡았다.

아트토이를 구해라

카우스(KAWS), 요시토모 나라 등 아트토이를 시리즈별로 모으기 위해 컴퓨터 앞에서 발매 시간을 기다리던 시절이 있었다. 클릭에 실패하면 웃돈을 주고 중간 딜러를 통해 구매하기도 했다. 카우스, 다니엘 아샴(Daniel Arsham), 하비에르 까예하(Javier Calleja) 같은 작가들의 아트토이를 모았다.

이 아트토이들은 원화는 아니지만, 한정판으로 출시되는 피규어나 인형, 스케이트보드 형태로 다양한 소품들이 나온다. 타카시 무라카미, 요시토모 나라, 제임스 진(James Jean), 미스터(Mr.)의 판화도 모았다. 그런데 시간이 지나면서 더 이상 기쁨을 주지 않게 됐다.

나는 그사이 변했다

경매 프리뷰에 함께 간 지인이 "이 귀여운 눈, 코, 입이 있는 건 너 취향 아니야?"라고 물었다. 맞는 말이긴 했지만, 그 작품을 봐도 절대 감흥이 없었다. 갖고 싶다는 생각도 들지 않았다. 내가 좋아하는 작가는 이제 펠릭스 곤잘레스 토레스(Felix Gonzalez-Torres)와 루이스 프라티노(Louis Fratino) 같은 작가들이다. 이들은 사랑하는 사람을 그리워하는 애절한 감정을 시간, 성별, 인종을 초월해 표현한다. 그들의 작업은 따뜻하면서도 은유적이며, 한 편의 시처럼 마음을 울린다. 이들의 작업을 곁에 두면, 그 감정을 오래도록 간직할 수 있을 것 같다는 생각이 든다.

결국, 컬렉션은 나 자신을 알아가는 여정이다. 처음에는 미술에 대한 순수한 사랑에서 시작되었지만, 시간이 지나면서 그 사랑이 모든 작품을 향한 것은 아님을 깨달았다. 내가 진정으로 사랑하는 작품이 무엇인지, 그리고 어떤 작품이 내 곁에 오래 남아야 할지 고민하는 과정은 반드시 필요하다.

• 나셔 조각 센터 Nasher Sculpture Center: 2001 Flora Street, Dallas, TX 75201
• 노스파크 백화점 NorthPark Center: 8687 North Central Expressway, Dallas, TX 75225

아트 컬렉션은 사람으로 배워야 한다

미술품을 모으는 과정은 미술사를 공부하는 것과는 다르다. 학문적 접근보다는 경험과 직관을 통해 익히는 여정에 가깝다. 미술시장에 대한 이해와 트렌드에 대한 민감성도 필수적이다. 그렇다면 누구에게서 배울 수 있을까? 물론 다양한 사람들과 교류하면서 자연스럽게 배우는 것이 좋은 방법이지만, 시간과 노력이 과하게 든다는 단점이 있다. 나 역시 다양한 사람들과 교류하며 많은 것을 배웠지만, 결국 더 효율적으로 배우기 위해 나는 책에서 답을 찾았다.

책은 다양한 사람들의 모임이다

책은 한 사람의 완성된 메시지를 담고 있는 "대화 상대"와 같다. 나는 미술책을 매일 읽기 위해 집안 곳곳에 펼쳐 두고, 항상 눈에 띄게 만든다. 미술책은 주로 크고 무거운 도록들이다. 그래서 테이블이나 식탁 위에 늘 펼쳐놓고 자연스럽게 보게 한다.

지금 내가 읽고 있는 책들

보통 나는 10권 정도의 책을 여기저기 두고, 스스로 책을 읽도록 유도한다. 요즘 자주 읽는 책 중 하나는 〈예술을 위하여: 아트 딜러들의 집 내부 For Art's Sake: Inside the Homes of Art Dealers〉이다. 이 책은 미술을 진심으로 사랑하는 갤러리스트들의 집과 컬렉션을 소개한다. 이 책에는 제프리 다이치(Jeffrey Deitch), 이완과 마누엘라 워스(Iwan and Manuela Wirth), 도미니크 레비 등이 등장하는데, 그들의 미술적 열정은 때로 내 컬렉션에 대한 열정이 흔들릴 때 큰 버팀목이 되어 준다.

다음으로는 조르지오 구글리엘미노(Giorgio Guglielmino)의 〈동

시대 미술을 보는 법 How to Look at Contemporary Art〉이다. 외
교관이자 컬렉터였던 저자는 자신이 좋아하는 작가들과 작품에 대
해 단순하고 직관적으로 설명한다. 각 작가에 대한 설명은 2페이지
를 넘지 않지만, 그 안에 담긴 감정과 통찰력은 깊다. 특히 요시토모
나라의 작품 속 반복적으로 등장하는 소녀에 대해 저자는 "왜 이 소
녀가 이렇게 적대적인 표정을 지을까?"라는 질문을 던지며, 한 작
품 속 문구인 "상실: 내 강아지, 나의 어린 시절(Missing: my dog, my
childhood)"을 통해 작가가 잃어버린 유년 시절을 표현한다고 분석한
다. 이 책을 통해 나는 요시토모 나라의 작품이 단순히 귀여운 이미지
에 그치는 것이 아니라, 순수함과 반항, 그리고 어른들에 대한 분노까
지 동시에 담고 있다는 점을 깊이 공감할 수 있었다

세 번째 책은 저널리스트 마이클 슈나이어슨(Michael Shnayerson)
의 〈붐: 미친 돈, 메가 딜러들, 그리고 동시대 미술의 부상 Boom:
Mad Money, Mega Dealers, and the Rise of Contemporary Art〉이다.
이 책은 동시대미술 시장에서 벌어지는 현실적인 이야기들을 다룬
다.

미술시장에 대한 나의 깨달음 중 하나는 단 하나의 중심 시장, 즉
'뉴욕'만이 존재한다는 것이다. 그리고 이 시장을 유지하기 위해서는
미술이 대중화될 수 없다는 역설적인 진실이 있다는 거다. 미술시장

을 움직이는 진짜 주체는 소수의 메가 딜러, 갤러리, 컬렉터, 그리고 미술관들이다. 이 책은 그런 내 생각이 맞았음을 확인시켜 주었다.

책은 1940년대부터 1990년대까지의 미술시장을 주요 인물과 사건 중심으로 설명하며, 특히 래리 가고시안과 데이비드 즈워너 같은 메가 딜러들이 어떻게 미술시장을 지배해왔는지를 다룬다. 이 책은 단순한 분석을 넘어, 마치 소설처럼 흥미롭게 읽히며, 미술시장의 비밀스러운 이면을 엿보는 듯한 느낌을 준다.

끝으로, 나는 미술관과 갤러리에서 구매한 작가와 전시 도록들을 자주 읽는다. 이해하기 어려운 책이라도 집안 곳곳에 펼쳐 두고 매일 한 번씩이라도 보게 만든다. 이렇게 책을 통해 스스로를 자극하는 것이, 미술컬렉션을 사람으로 배우는 나만의 방법이다.

미술품 구매 시 알아야 할 현실적인 비용과 절차

작품을 구매할 때 "그냥 내가 좋아하는 작품을 사면 되지 않나요?" 라고 말한다면, 나중에 이 대답이 얼마나 무책임했는지 깨닫게 될지도 모른다. 미술품 수집은 단순히 개인 취향을 반영하는 것이 아니다. 예술적이든 금전적이든 가치를 담고 있는 잠재력 있는 작품을 신중하게 선택하는 과정이다. 사실 많은 사람들이 원하는 작품을 얻기 위해 치열하게 세계 아트페어를 다니며 리서치하고, 네트워크를 쌓으며 전략적으로 접근하고 있다. 특히 개인 컬렉터라면 더욱 신중해야 한다. 수집이 단순한 취미라면 어느 순간 감당할 수 없을 만큼 작품들이 불어나고, 애정이 식었을 때는 당황스러운 상황에 빠질 수 있다.

작품을 선택할 때는 나와 오랫동안 함께할 수 있는 작품을 골라야한다. 중간에 애정이 식으면 되팔고, 새 작품을 들여오는 과정이 필요하다. 그럼 이 과정에서 알아야 할 현실적인 비용과 절차를 알아보기로 하자.

소소한 비용에 너무 신경 쓰지 말자

작품을 구매할 때 발생하는 운송비, 작가 재판매 권리(Artist Resale Right), 양도소득세 등의 부대 비용에 지나치게 신경 써서 작품 구매를 포기할 필요는 없다. 한국은 원화 작품에 대해 세금면제 혜택이 있어 부대비용이 적은 편이다. 작가 재판매 권리는 주로 유럽에서 적용된다. 작품이 재판매될 때 작가가 일정 비율의 수수료를 받는 제도로, 대개 0.25%에서 5% 사이이다.

나 역시 런던에서 게르하르트 리히터(Gerhard Richter, 독일 1932년~)의 작업을 구매할 때 3%의 재판매 권리 수수료를 지급했지만, 이 금액이 작품 구매를 포기할 만큼 큰 부담은 아니었다.

운송비 역시 지역별로 큰 차이가 없다. 홍콩에서 오는 것이 미국보다 저렴할 것 같지만, 비행기 항공료의 차이로 지역별 운송비는 비슷하다. 예전에 마이애미에서 작품을 포기한 적이 있었는데, 미국에서오는 것과 홍콩에서 오는 것의 운송비가 비슷하다는 사실을 깨닫고,

더는 지역에 따른 운송비를 고민하지 않는다.

양도소득세와 그 적용

소득세법에 의거 점당 양도가액이 6천만 원 이상으로서 국내 생존 작가의 작품이 아닌 작품의 양도로 발생하는 소득은 원천징수로서 납세의무가 종결되는 분리과세 기타소득에 해당하며, 종합소득의 과세표준에 합산되지 않는다.

다만, 작품의 거래를 위하여 사업장 등 물적시설(인터넷 등 정보통신망을 이용하여 서화와 골동품을 거래할 수 있도록 설정된 가상의 사업장을 포함)을 갖추었으면 기타소득이 아닌 사업소득으로 과세되며, 종합소득의 과세표준에 합산된다.

분리과세 기타소득의 경우 다음의 구분에 따라 계산한 금액을 필요경비로 한다. 다만, 실제 소요된 필요경비가 다음의 구분에 따라 계산한 금액을 초과하면 그 초과하는 금액도 필요경비에 산입한다.

① 거주자가 받은 금액이 1억 원 이하인 경우: 받은 금액의 90%

② 거주자가 받은 금액이 1억 원을 초과하는 경우: 9천만 원 + 거주자가 받은 금액에서 1억 원을 뺀 금액의 80%(미술품의 보유 기간이 10년 이상이면 90%)

일반적으로 필요경비로 90%를 인정해 주기 때문에 생각하는 것만큼 큰 금액이 과세되는 것은 아니다.

다시 말하면, 국내 '생존 작가'에 대해서는 소득세가 부과되지 않는다. 예를 들어, 이우환 작가(1936년~)의 작품을 3억을 주고 5억에 판매해도 세금이 부과되지 않는다. 하지만 국내 작가라도 작고 작가의 경우 양도차액이 6천만 원 초과일 경우, 양도소득세가 발생한다.

해외 작가의 작품은 생존 여부에 상관없이 양도차액이 6천만 원 초과일 때, 양도가액에 세금을 부과한다. 하지만, 앞서 말한 것처럼 필요경비가 약 90% 수준으로 인정되고, 10년 이상 작품 보유 시 더 높은 경비가 인정되기 때문에 실질적으로 양도소득세를 너무 무서워할 필요는 없다. 예를 들어, 양도가액이 1억5천만 원짜리 해외 작가를 재판매 하면 양도소득세로 440만 원을 내면 된다.

한번 이 경우를 같이 양도소득세 계산을 해 보기로 하자.

양도가액이 양도가액 1억 원 이하일 경우, 필요경비 90%를 적용하고, 1억을 초과할 경우 1억까지는 90% 필요경비 공제, 나머지는 80% 공제율을 적용한다는 걸 계산에서 기억하자.

- 해외 작가의 작품, 양도가액 1억 5천만 원

 - 1억 원 부분에 대해 90% 공제: 9,000만 원이 필요경비로 인정

 - 나머지 5천만 원에 대해서는 80% 공제: 4,000만 원이 필요경비로 인정

 - 총 필요경비: 1억 3,000만 원 (9,000만 원 + 4,000만 원)

 - 과세표준: 양도가액 1억 5천만 원 - 필요경비 1억 3,000만 원 = 2,000만 원

 - 세금: 과세표준 2,000만 원에 대해 지방세를 포함한 기타 소득세율 22%의 세율이 적용되면, 세금은 440만 원

운송보험은 필수

운송 중 작품에 문제가 생길 가능성에 대비해 보험은 필수다. 보험비는 작품의 인보이스 금액의 약 0.3% 수준이다. 1억 원짜리 작품을 구매하면 보험비는 30만 원 정도로, 결코 부담스러운 금액이 아니다. 작품이 안전하게 도착할 수 있도록 보험은 꼭 들어야 한다.

소소한 비용이 아닌, 경매 수수료

경매에서는 구매자 수수료(Buyer's Premium)가 별도로 부과된다. 소더비나 크리스티 같은 해외 경매사들은 낙찰가에 따라 수수료가 다르게 부과되며, 일반적으로 작품 금액에 따라 14.5%에서 26%까지 발생할 수 있다. 예산을 초과하지 않도록 가장 최근에 고지된 경매 수수료를 미리 확인해야 한다. 국내 경매사인 케이옥션과 서울옥션의 경우 구매자 수수료는 15%~18%로 고정되어 있고, 부가세는 별도 다.

판화와 아트토이의 관세도 소소한 비용이 아니다

판화나 아트토이 같은 에디션(edition) 작품 역시 관세를 고려해야 한다.

대부분 에디션 작업은 해외 구매가 많은데, 그 경우 원화와 다르게 두 점 이상인 판화, 사진, 아트토이는 관세 10%와 부가세를 별도로 내야 한다. 나도 프랑스에서 데이비드 호크니(David Hockney, 영국, 1937~)의 판화를 구매하려고 했는데, 관세 때문에 구매를 포기했다.

판화 작업이라고 해도 가격대가 당시 2천만 원이었는데, 관세랑 부가세, 그리고 운송비까지 생각하니 부대비용이 400만 원이 넘어갔다. 갤러리에서는 각 국가의 세금을 모두 관리해 줄 수 없으니, 세금으로 인한 추가 비용은 전적으로 구매자가 알아봐야 하고, 부담해야 한다는 점을 기억하자.

미술시장에서 정보는 어디까지 믿어야 할까?

작년에 런던 프리즈를 가기 위해 졸업 후 13년 만에 런던을 다시 찾았다. 런던의 미술시장은 내가 한창 공부할 2008년과는 분위기가 아주 달랐다. 그때만 해도 파격적이고 신선한 동시대 미술을 선보이던 런던의 미술계는, 이번에는 조금 가라앉아 보였다. 아트페어뿐만 아니라 명품매장도 예전 같지 않아 보였다. 특히 브렉시트 이후 런던의 영광을 파리가 가져갈 것이라는 예상이 있었는데, 이번 방문에서 그 말이 맞다는 걸 실감했다. 그런데 다음날 미술 신문을 보니, '여전히 런던 미술시장은 활기차다'라는 내용이 타이틀로 보도되고 있는 게 아닌가. 이를 보며, 역시 미디어는 믿을 수 없다는 생각이 들었고, 직접 와서 현장의 분위기를 확인하길 잘했다는 생각이 들었다.

미디어나 블로그에 의존하는 컬렉션의 위험성

미술품 컬렉션에서 미디어나 블로그에 게시된 정보를 그대로 믿고 의존해 작품을 구매하는 것은 사실 위험하다. 미술시장은 매우 빠르게 변화하고 있으며, 정보가 공개된 시점에는 이미 가격이 크게 올랐거나 유효한 정보가 아닐 가능성이 크다. 또한, 미디어는 그 자체로 중립적이지 않을 수 있다. 시장 전체에 부정적인 기사를 내면 시장 자체가 위축될 가능성이 있어서, 의도적으로 긍정적인 정보만 제공하는 때도 종종 봤다. 반대로 특정 이해관계를 가진 이들이 부정적인 정보를 제공할 수도 있으니, 이러한 기사들을 읽을 때도 객관적으로 필터링하기가 중요하다.

불황 속 경매 최고가만을 강조하는 미디어

경매 시장에서 몇천억 원에 낙찰된 작품이 뉴스에 오르내리면 미술시장이 여전히 활황이라는 착각을 일으키기 쉽다. 그러나 이러한 보도는 경매 유찰률이나 지난해 대비 판매 감소 등은 거의 다루지 않는다. 미술시장이 좋지 않다는 얘기가 퍼지면 구매자들이 주저하게 되어 시장 자체가 위축되기 때문이다. 결국, 미술시장의 건강 상태는

낙찰가만으로는 제대로 알 수 없다. 구체적인 예를 들어 경매 시장에서 최근 작품의 유찰 비율이 크게 늘었다는 사실은 뉴스에서 거의 다루지 않는다.

오죽하면 구매자 자신감 지표가 있을까

미술시장은 심리적 요인이 강하게 작용하는 시장이다. 구매할 여유가 있어도, 시장 분위기가 부정적이면 대부분 구매를 주저한다. 미술시장의 이런 심리를 반영한 구매자 자신감 지표(Buyer Confidence Index)란 것이 있다. 이 지표는 컬렉터와 구매자들의 심리를 측정하여 앞으로 시장이 활성화될지 둔화될지를 예측한다. 이는 경제적 수치와는 달리, 감정과 분위기에 의해 결정되는 시장의 특성을 보여준다.

미술품 지표의 한계

2000년대부터 메이 모제 지수(MEI-Moses Index) 같은 미술품 투자 수익률 지표들이 등장하면서, 미술품을 자산으로 보는 시각이 강해졌다. 이 지수는 경매에서 재판매된 기록을 데이터로 분석해 미술품의 평균적인 가격 상승률을 산출하는데, 여기에는 몇 가지 한계가 있다.

첫째, 경매에 편중된 표본이 사용되므로, 갤러리나 개인 거래에서 이뤄지는 많은 미술품은 분석에서 제외된다. 둘째, 쉽게 거래되지 않는 미술품의 특성을 고려하지 못한다는 점이다. 이러한 이유로 최근에는 이 지수가 시장에서 잘 언급되지 않는 경향이 있다.

미술시장은 다른 자산들과는 달리 측정하기 매우 어려운 분야다. 몇몇 메가 컬렉터와 갤러리스트의 감정과 판단에 따라 시장이 크게 출렁이기 때문이다. 또한, 미술시장은 논리적인 계산보다 감성적 의사결정이 더 중요한 시장이다. 따라서 메이 모제 지수와 같은 지수들이 미술시장 전체를 정확히 반영하기 어렵고, 구매자들에게 실제로 큰 도움이 되지 않는다는 한계가 있다.

정보를 필터링하는 나의 능력을 키우는 수밖에

결국, 미디어나 커뮤니티에서 얻은 정보는 참고자료일 뿐이다. 특히 미술시장은 정보 접근 측면에서 불균형이 심한 비대칭 정보 시장이기 때문에, 오래된 정보이거나 검증되지 않은 내용을 접할 가능성이 크다. 정보를 보완하기 위해서 나는 갤러리나 경매 담당자와 자주 소통하며, 전시와 최신 정보를 직접적으로 물어보는 편이다. 또한, 나와 생각이 통하는 인스타그램 계정자들과 소통하며, 정보의 신뢰도를 검토한다.

　중요한 것은 정보를 어떻게 필터링하느냐이다. 미술시장에서 나만의 여과지를 만들어 두고, 항상 자기 판단에 기반해 시장과 작품을 평가하는 것이 필수적이다.

　최근에 자주 듣는 팟캐스트로는 아트택틱(arttactic.com/podcasts)이 있다. 이 팟캐스트는 다양한 분야의 미술계 패널을 초대해 인터뷰 형식으로 운영된다. 그 외에도 크리스티(Christie's), 소더비(Sotheby's), 필립스(Phillips)와 같은 경매사의 경매 기록을 자주 확인하며, 이를 기반으로 시장을 분석하는 습관을 갖고 있다.

미술품 판매가격은 누구의 손에 달려 있나?

이 작품, 지금 얼마일까요?

가끔 컬렉터분 집에 초대받아 가면, 수집한 작품들을 보여주시며 "지금 얼마쯤 할 것 같아요?"라고 물으신다. 갤러리 판매가가 머릿속에 얼추 있는 작품은 시장 인기에 조금 더 보태 추정가를 말씀드리곤 했다. 하지만, 사실 미술품에 가격 추정가라는 게 정확할 필요도, 정확할 수도 없다. 미술품 가격은 단순한 숫자가 아니라, 복잡한 시장구조와 서로의 협의의 결과다.

그렇다면 그 이유는 무엇일까?

시장 가격은 당신과 나의 협상에서 결정된다

운이 좋게 몇 년 전에 천만 원 이하로 산 젊은 영국 작가가 대형 갤러리인 페이스(Pace)에 전속되었다. 작년 미술시장이 정체된 분위기 속에서도 10월 13일 런던 크리스티 경매에서 이 작가의 사이즈 200 x 190cm 페인팅 작업이 추정가 30,000~50,000파운드(약 5,100만 원에서 8,500만 원)가 113,400파운드(약 1억 9,278만 원)에 낙찰되었다. 시작 추정가보다 3배 이상 높은 가격에 팔린 것이다.

나도 이 작가의 같은 스타일의 작업을 가지고 있던 터라, 한국에 가면 그 정도에 거래하면 되지 않을까 생각했었다. 하지만 현실은 그렇지 않았다. 첫째는 경매 낙찰가가 시장 가격이 아닌, 그 경매에서 경합한 두 사람의 경쟁으로 결정된 가격일 가능성이 크기 때문이다. 경매낙찰기록은 참고는 할 수 있어도 모든 시장에 적용될 수는 없다. 둘째는, 그 작가의 가치를 나와 같은 생각의 수준으로 이해하고, 소장할 의지가 있는 '짝꿍'을 만나야만 비슷한 가격을 받을 수 있다. 그렇지 않다면 아예 거래할 수 없을 때도 있다.

이 작가의 경우, 영국에서는 이 화풍을 이해하고 소장하고 싶어 하는 사람들이 많아서 런던 경매에서 높은 가격에 팔렸지만, 아시아에서는 아직 이 작가를 모르는 이들이 대부분이라서 작가 설명부터 시작해야 한다. 결국, 내 작품은 제안한 가격보다 30% 할인 협의하여 한국에서 재판매할 수 있었다.

소장품의 가치, 이렇게 확인하기

그래도 소장품의 현재 가치를 알고 싶다면, 다음과 같은 방법을 추천한다. 두 가지 방법 모두 쉽게 할 수 있는 것은 아니지만, 컬렉션 시기가 길어지면 갤러리나 미술계 지인들을 통해 자연스럽게 가격 정보가 들어오게 된다. 첫 번째는, 지금 갤러리에서 판매 중인 가격을 확인하는 것이다. 인기작이라서 구하기 어려운 경우에는, 최근 경매에서 낙찰된 작품 가격과 비교하여 프리미엄을 반영해 가격을 설정할 수 있다.

일반적으로 시장이 좋을 때는 1차 시장인 갤러리보다 2차 재판매 시장인 경매에서 작품이 더 비싸게 팔린다. 시장 분위기와 현황에 따라 갤러리와 경매가를 비교하면서 가격을 설정해야 하므로, 가격을 추정하려면 결국 시장을 잘 알아야 한다. 예를 들어, 갤러리에서 5천만 원에 판매되는 작품이 있다고 하자. 하지만 경매에서 가장 최근 낙찰된 가격은 1억 2천만 원이었다. 이 경우, 작품가는 앞으로 이 작품을 구하기 어려울 것으로 판단해 프리미엄을 적용하여 8천~9천만 원쯤에 가격선을 매길 수 있다. 반대로 작가의 시장 상황이 좋지 않다면, 갤러리가에서 할인 폭을 적용해 가격을 조정한다.

나는 작품 가격이 늘 궁금하고, 직업적으로도 필요한 정보이기에 항상 가격 정보를 모아두는 편이다. 하지만 내 추천은 시간을 들여 가치를 추정하는 데 크게 집착하지 말라는 것이다. 미술품 가격은 시기마다 크게 변할 수 있으며, 지금 비싸다고 해서 앞으로도 그럴 것이라는 보장이 없다. 그리고 판매할 시점에 가격 리서치를 해도 늦지 않다.

시간이 촉박할 때는 유료 검색 서비스를 추천한다. 아트넷(Artnet)이나 아트프라이스(Artprice) 같은 서비스는 단기간에 필요한 정보를 빠르게 제공한다. 두 사이트 모두 월간, 연간 구독이 가능한데, 검색 건수에 따라 요금이 다르다. 연간 구독은 약 70~80만 원 정도로, 가격이 부담스럽다면 5만 원 정도에 24시간 동안 사용할 수 있는 접속 키를 구매하는 것도 좋은 방법이다. 이 키를 통해 지난 경매 기록과 작가별 연도별 가격 추이를 확인할 수 있다.

에디션 작품의 발매가와 시장 가격

에디션 작품을 구매하거나 판매하기 전, 발매가를 물어보시는 경우가 종종 있다. 특히 아트토이나 판화와 같은 에디션 작품에서는 그런 경우가 많다. 하지만 발매가는 재판매 가격에 큰 영향을 미치지 않는 경우가 많다. 에디션 수와 작품의 상태, 그리고 시장의 수요에 따라 가격 변동성이 매우 크기 때문이다.

예를 들어, 2007년에 요시토모 나라의 300개짜리 에디션 피규어인 〈잠 못 이루는 밤 Sleepless Night(Sitting)〉의 출고가는 몇백만 원 정도였던 것으로 기억한다. 하지만 현재 이 작품은 경매에서 5천만 원에서 1억 원 사이에 판매되고 있다.

작품 가격은 결국 협상의 결과물

그러니 작품 가격은 추정할 수는 있어도, 그것이 정답은 아니라는 점을 명심해야 한다. 경매사에 따라 다르지만, 필립스, SBI와 같은 경매사는 젊은 구매자층이 많아 경매 진입장벽을 낮추기 위해 추정가를 낮게 책정하는 경우가 많다. 따라서 경매사의 추정가는 참고는 할 수 있지만, 작품의 실제 가치를 반영하는 '답'은 아니다. 또한, 지난 경매 기록도 내 작품에 정확히 적용되는 것은 아니다. 미술품은 유일한 단 한 점이기 때문에, 결국 구매하겠다는 사람과의 협의 과정에서 가격이 결정되기 때문이다.

IV.

핫스팟으로 보는 세계 미술 트렌드

크리스티의 홍콩 확장이 주는 시그널

    오늘 아침(2024.9.26) BBC 뉴스에서는 크리스티가 뉴욕, 런던, 파리의 경매장과 비슷한 규모로 홍콩에 아시아 본부를 확장 이전한 이후, 이에 맞춰 중요한 경매인 20, 21세기 미술품 경매를 처음으로 개최하겠다는 소식을 전했다. 글로벌 경매사인 소더비, 크리스티, 필립스는 이미 홍콩에 자리 잡고 있었지만, 이번 발표는 그들의 활동을 더 본격적으로 확장하겠다는 의미를 담고 있다. 작년에 필립스는 아시아 최대 규모 미술관인 M+ 맞은편으로 확장 이전했고, 올해는 메가 갤러리 중 하나인 하우저 & 워스가 새로운 공간으로 이전했다. 이러한 확장 이전은 아시아 미술시장 전망에 중요한 힌트를 제공한다.

홍콩의 미술시장 위기설과 그 반전

많은 분들이 홍콩이 중국 정부로 반환된 후 미술시장의 입지가 약해질 것이라고 예상했다. 센트럴에 있던 여러 갤러리들이 영업을 종료하거나 다른 지역으로 이전하면서 그러한 예상이 현실로 느껴지기도 했다. 나 역시 작년에 홍콩을 방문했을 때 갤러리들이 문을 닫거나 대형 갤러리조차 판매와 무관한 전시만을 진행하는 모습을 보고 위기설에 대해 동의했었다. 아트페어에서 눈에 띄는 베스트 피스(best piece)들이 줄어든 것을 보고 홍콩 미술시장이 쇠퇴하는 것이 아닐까 생각하기도 했다.

하지만 올해 아트바젤 홍콩을 방문하고 나서 상황이 달라졌음을 알게 되었다. 홍콩은 여전히 아시아 미술시장의 중요한 허브 역할을 하고 있었으며, 더욱 강력한 아시아 미술 중심지로 성장하고 있었다. 다만 예전과는 다른 방식으로 그 역할을 하고 있었다.

중국 내수시장과 홍콩의 연결고리

홍콩의 새로운 역할은 중국 내수시장의 성장과 깊이 맞물려 있다. 홍콩은 이제 중국과 세계 미술시장을 연결하는 중요한 교두보 역할을 하고 있다. '아시아 글로벌' 역할 대신, 홍콩은 중국과 해외 시장 사이에서 부드러운 스펀지 역할을 하며 다시 한번 아시아 최대 규모의 미술시장으로 부상할 가능성이 크다.

특히, 20~30대 젊은 중국 컬렉터 수가 빠르게 증가하고 있다. 이들은 중국 본토뿐 아니라 홍콩에서도 중요한 미술 구매자로 자리 잡고 있으며, 전통적인 중국 고미술 대신 동시대 미술과 해외 작가들의 작품에 더 많은 관심을 보인다. 글로벌 갤러리와의 거래도 활발히 진행되며, 이들은 미술 경매에서 중요한 구매자로서 영향력을 발휘한다. 이러한 활동이 홍콩을 포함한 아시아 미술시장을 더욱 활성화하고 있다.

아시아 미술시장의 활기, 어디로 이어질까?

중국 본토에서 새로 생긴 미술관들은 중국 외의 동시대 미술품을 적극적으로 컬렉션하고 전시하는 기능을 강화하고 있다. 올해 아트 바젤 홍콩 기간 동안, 화이트큐브에서는 루이즈 지오바넬리(Louise Giovanelli, 영국, 1993년~)의 개인전이 열렸으며, 그녀의 작품은 큰 인기를 끌었다. 동시에 2020년에 광저우에 부동산 개발업자 허젠헝이 개관한 허 아트 뮤지엄(He Art Museum)에서도 이 작가의 전시가 동시에 진행되었는데, 이는 이 미술관이 글로벌 갤러리와 얼마나 긴밀하게 협력하고 있는지를 보여주는 것이다. 직전 전시에서는 가고 시안 전속작가인 량 하오(Liang Hao, 중국, 1983년~)의 개인전이 열렸으며, 그의 중국 산수화에 대한 동시대적 해석은 중국과 국제적으로 인기 있는 작가다.

여기서 주목할 점은 이러한 변화가 젊은 미술관 주인들과 젊은 컬렉터들이 주도하고 있다는 점이다. 이들은 새로운 미술 트렌드에 빠르게 반응하며, 중국의 신진 작가뿐만 아니라 서양 전후 및 동시대미술에도 큰 관심을 보인다. 경매에서도 이들은 '큰 손'으로 자리 잡으며, 홍콩에서 열리는 글로벌 경매사들을 통해 작품 거래를 확대하고 있고, 디지털 시대의 정보 접근성을 바탕으로 전 세계에서 가장 빠르게 성장하는 컬렉터층으로 주목받고 있다.

전 세계에서 가장 활기찬 미술시장이 될 아시아 시장

이렇듯 중국 본토의 신생 미술관들과 젊은 중국 컬렉터들은 홍콩을 중요한 미술 거래 허브로 활용하고 있다. 운송, 통관, 수장 등 다양한 거래 시스템을 편리하게 제공하는 홍콩은 중국 내수시장만으로도 더 큰 성장기회를 얻고 있다.

크리스티의 홍콩 확장은 이러한 전망을 뒷받침하고 있다. 더 헨더슨 빌딩의 6층부터 9층을 차지하는 크리스티의 새로운 공간은 첫 번째 경매에서는 출품작 중 클로드 모네의 수련 시리즈 중 한 점이 약 280억 원에 달할 것으로 예상한다고 발표했다. 이러한 대규모 경매 개최 소식은 홍콩이 여전히 글로벌 미술시장에서 중요한 역할을 하고 있음을 증명한다.

홍콩을 중심으로 한 아시아 미술시장은 중국, 한국, 일본, 싱가포르, 대만, 그리고 성장 잠재시장인 인도네시아, 태국, 베트남 등을 포함한 전 세계에서 가장 활기찬 미술시장으로 자리매김하고 있다.

굿모닝! 아트서울

그야말로 서울은 이제 글로벌 아트시티가 되었다.

코로나19 시기에 해외 갤러리가 한남동과 도산공원 일대에 들어왔고 미술관 전시와 명품브랜드의 기획전시까지, 서울은 세계 어느 도시보다도 활기찬 미술도시가 되었다.

나의 전시 보기 스타일은 하루에 몰아쳐서 못 본 전시를 보는 것이다. 주중 오전 11시부터 시작하고, 차가 막히기 시작하는 오후 5시 전에 일정을 끝낸다. 그리고 전시 친구가 필요하다. 주중에 관람객이 적어 쾌적하게 볼 수 있고, 전시를 보며 생각을 짧게 나누는 것만으로도 그 전시가 오래도록 기억에 남기 때문이다. 물론 함께하는 시간이 즐거운 건 덤이다.

청담과 압구정 미술지구

걷기만 해도 행복해지는 10월의 가을이 찾아왔다.

오늘은 압구정로데오역에서 내려 도보로 이동 가능한 압구정과 청담 일대에 있는 전시장 8곳을 다녀왔다. 여러분도 이 경로를 따라가보시면 전시를 집약적으로 보실 수 있을 것이다.

서울뿐만 아니라 해외에서도 도보 이동 가능한 경로를 짜서 전시 보는걸 추천한다. 이렇게 걸어서 볼 수 있는 미술지구로는 파리의 마레와 마티뇽, 런던의 메이페어와 쇼디치, 상하이에 웨스트번드, 홍콩에 센트럴 등이 대표적이다.

미술 갤러리와 미술관은 보통 한 건물 혹은 한 지역에 몰려 있는 경우가 많다. 미술 구매자 타깃이 정해져 있고, 그들이 주로 활동하는 지역에 갤러리가 함께 있어야 판매확률이 높아지기 때문이다. 홍콩은 몇 개 건물에 거의 모든 유명 갤러리가 모여 있다고 봐도 무방할 정도다.

도산공원에 페로탕과 화이트큐브

도산공원 근처에는 신진 작가 발굴과 홍보에 탁월한 파리의 페로 탕 갤러리의 서울 지점이 있다. 페로탕은 아시아의 젊은 컬렉터들 사이에서 가장 인기 있는 갤러리 중 하나다. 이는 일본식 팝아트를 창조한 타카시 무라카미를 중심으로, 오타니 워크샵, 미스터, 아야 타카노, 에미 쿠라야 등 카이카이키키 갤러리의 작가들이 패로탕의 전시 기획에 참여하거나 전속작가로 활동하고 있기 때문이다.

바로 옆 건물은 화이트큐브다. 런던에서 시작한 화이트큐브 갤러리는 이름 그대로, 하얀 벽과 네모난 공간을 통해 작품에만 집중할 수 있도록 설계된 전시공간의 개념을 잘 담은 갤러리다.

1990년대부터 데미안 허스트를 필두로 한 혁신적인 영국의 미술그룹인 YBA(Young British Artists) 작가들을 발굴하며 세계에 알린 전설적인 갤러리가 되었다. 지금은 명성이 약간 주춤하지만, 여전히 좋은 작가들을 선보이고 있다.

내가 화이트큐브에서 주목하는 작가는 마이클 아미타지(Michael Armitage)다. 1983년생 케냐 출신으로 영국에서 활동하는 작가로 그의 작품을 보면 마치 아프리카에서 달리는 동물의 가죽 위에 물감이 번지듯 그려진 느낌이 든다. 원시적이고 신비로운 분위기를 자아내며, 형체는 뚜렷하지 않지만, 정치적, 사회적 사건을 은유하는 매우 진지한 주제를 다루고 있다.

8년 전에 지인이 아미타지의 작업을 구매하려고 했는데, 제안조차 받기 어려운 작가였던 것이 기억난다. 지금도 아마 그럴 것이다. 작품은 주로 미술관과 주요 기관 컬렉터에게 판매되었고, 그래서 경매나 재판매 시장에 작품이 잘 나오지 않는다.

내가 화이트큐브에서 또 주목하는 작가는 단보(Danh Vo)다. 그는 베트남 전쟁 후 덴마크로 떠난 난민 출신으로, 그 경험이 그의 작품에 깊이 스며들어 있다. 개인의 경험을 작업의 기초로 삼지만, 권력, 정치, 정체성, 난민 같은 거대한 담론을 풀어내기 때문에 그의 작업은 가볍지 않다. 이미 미술관과 비엔날레에서 명성을 쌓았음에도 불구하고, 그는 여전히 꾸준히, 요란하지 않게 깊은 서사를 풀어내고 있다.

시장 측면에서도 단보의 작업은 꾸준히 가치가 오르고 있으며, 유럽, 미국에 이어 아시아 컬렉터들에게도 주목받는 작가다. 설치 작업이 주를 이루지만 갤러리에서는 작은 평면 작업도 1~2억 원 사이에서 구매할 수 있다.

도산공원 근처에는 메종 에르메스 지하에 기획전시를 선보이는 에르메스 아뜰리에가 있다. 실험적인 전시 기획이 눈에 띄는 곳이다. 전시가 없는 기간도 있으니 온라인에서 일정을 확인하고 가야 한다. 전시 관람 후 에르메스 카페 마당에서 커피 한잔을 하며 쉬어가도 좋다. 오늘은 전시 준비 중이라 명품 거리를 지나 송은으로 이동한다.

송은 전시장까지 가는 길

송은 전시장을 보러 가는 길에 명품 거리를 따라 내려가면 에스파스 루이 비통 서울이 있다. 이 건물 꼭대기 층에 전시실이 있다. 전시실은 크지 않지만 루이비통 소유주인 베르나르 아르노의 컬렉션을 엿볼 수 있다. 일 년에 몇 번 기획전이 열리는데, 앤디 워홀, 신디 셔먼 같은 굵직한 스타작가 작품들을 만날 수 있는 곳이기도 하다.

며칠 전에 버버리도 아트스페이스를 매장 4층에 열었다. 공간은 크지 않았지만, 영국에서 활동하는 핫한 젊은 작가 중 한 명인 팸 에블린(Pam Evelyn)의 페인팅 두 점이 있었다. 팸은 작년에 페이스 갤러리에 전속되면서 그녀의 인기는 불황 속에서도 꺾이지 않았다. 그녀의 작업은 추상 페인팅처럼 보이지만 실제로 보면 갑골문자를 연상시키는 매력이 있다. 거친 붓질 속에 큰 골격을 잡아주는 구조가 있으며, 그 형태와 색감을 따라가다 보면 거대한 풍경의 일부가 펼쳐지는 느낌이다. 이 점에서 추상과 구상을 넘나들었던 윌렘 드 쿠닝이 떠오르기도 한다.

최근 명품브랜드는 미술 전시장을 마련하거나 매장의 일부를 전시 공간으로 꾸미는 곳이 많아졌다. 전시 수준이 매우 높아서 늘 놀라곤 한다. 루이비통과 버버리 외에도 생로랑, 로에베 매장에서도 전시를 볼 수 있다. 각 브랜드가 추구하는 개념이 전시장에 녹아 있어 작품 이해가 쉽게 되는 장점이 있다.

서울에서 만난 피노 컬렉션

송은 전시장에 도착했다. 피터 도이그, 펠릭스 곤잘레스 토레스 등 내가 좋아하는 작가들이 총집합해 있다. 일 층에 들어서자마자 내가 좋아하는 단보 작업이 보인다.

이번 송은 전시는 피노 컬렉션(Pinault Collection)이다. 프랑수아 피노는 구찌, 생로랑, 보테가 베네타 등의 명품브랜드 소유자로 전 세계 부호이기도 하지만 미술을 사는 액수와 열정 면에서 대단한 아트컬렉터다.

그의 컬렉션은 항상 실험적이면서도 시장과 연결되어 있어 흥미롭다. 작품의 수준은 말할 필요도 없다. 또한, 그는 한 작가에 몰입하면 그 작가의 작품을 모두 수집해버리는 불도저 같은 수집 성향을 지녔다. 피노의 선택이 항상 성공으로 이어지지는 않지만, 그의 저력에 대한 사람들의 믿음은 크다. 그의 컬렉션을 모아둔 미술관은 베네치아에 두 곳(팔라조 그라시, 푼타 델라 도가나), 파리에 한 곳이 있으니 기회가 된다면 꼭 가보시길 추천한다.

글래드스톤 갤러리까지 돌아보고, 분더샵과 10 꼬르소 꼬모까지

근처에는 글래드스톤 갤러리의 서울 지점이 있다. 1980년대 뉴욕에서 갤러리를 시작한 바바라 글래드스톤은 매튜 바니(Matthew Barney)와 리처드 프린스(Richard Prince) 같은 파격적인 작가들을 발굴하여 미술시장에 성공적으로 진출시키며 명성을 쌓았다. 특히, 글래드스톤은 매튜바니의 신체를 활용한 영상작업이나, 잡지를 사진을 찍어 복제본을 작품으로 재생산한 리처드 프린스의 작업을 순수미술의 영역으로 끌어들이는 등 미디어와 개념미술 등의 시장을 형성한 점에서 높은 평가를 받았다. 올해는 그녀가 작고하면서 미술계에서 많은 이들이 슬픔을 표현 해이기도 하다.

이제 리사르커피에서 에스프레소를 한 잔 마시고 글래드스톤까지 돌아본 후, 다시 왔던 길로 되돌아간다. 오늘은 로에베와 생로랑 매장에서 하는 전시는 다음으로 미루고, 신세계 갤러리에서 열리는 스털링 루비(Sterling Ruby) 전시를 보기로 했다. 분더샵 지하 1층에 있어, 패션 편집숍이라고만 생각했는데 전시장 공간이 생각보다 잘 꾸며져 있었다.

스털링 루비 작업은 미국에서도 자주 보았지만, 다시 봐도 용암이 터질 듯한 붉고 노란 에너지가 기력을 채워주는 듯하다. 역시 작업은 에너지를 준다. 꼭 아트컬렉션이 목적이 아니더라도, 패션, 디자인, 작가 또는 그 외 업무를 하는 분들도 영감을 얻기 위해 전시를 한 번쯤 몰아쳐 보는 것도 에너지 충전에 도움이 될 것이다.

내려오는 길에 10 꼬르소 꼬모에 들려 작가들 도록을 구경했다. 해외에서 무거워서 못 샀던 작가 작품집을 이곳에서 운이 좋으면 구할 수 있으니 한 번 들러보길 추천한다.

전시를 보는 날은 단순히 그림만 보는 날이 아니다. 함께 한 사람, 음식, 걸었던 길, 그날 날씨까지 순간순간들이 오랫동안 기억에 남는다. 오늘 본 피노 컬렉션의 작품들도, 루돌프 스팅겔 작업의 에너지도 한 겹의 경험치가 되어, 나의 안목의 시간에 더해질 것이다.

- 페로탕: 서울특별시 강남구 도산대로45길 10
- 화이트큐브: 서울특별시 강남구 도산대로45길 6
- 아뜰리에 에르메스: 서울특별시 강남구 도산대로45길 7

- 에스파스 루이 비통 서울: 서울특별시 강남구 압구정로 454

- 송은: 서울특별시 강남구 도산대로 441

- 글래드스톤: 서울특별시 강남구 삼성로 760

- 신세계 갤러리: 서울특별시 강남구 압구정로60길 21(분더샵 지하 1층)

- 10 꼬르스 꼬모: 서울특별시 강남구 압구정로 416

파리의 부활

10월의 파리

10월의 아트 캘린더는 런던과 파리를 중심으로 움직인다. 그래서 보통 런던 프리즈를 보고 나서 파리로 이동하는 일정을 잡는다. 그러나 이제는 파리만으로도 충분하다는 생각이 들 만큼, 파리는 미술시장에서 매력을 되찾았다.

파리는 한때 근대미술의 중심지였지만, 세계대전 이후 동시대 미술은 주로 미국이 주도해왔고, 현재 프랑스는 시장 규모 기준으로 미국, 중국, 영국에 이어 4위를 차지하고 있다. 그러나 최근 그 판도가 변하고 있다. 런던이 잠시 주춤하는 사이, 전 세계 컬렉터들이 같은 시기 파리로 몰려들며 파리의 부활이 가속화되고 있기 때문이다.

특히 아트바젤이 2022년부터 파리에서 아트페어를 개최하면서, 파리 미술시장은 더욱 활기를 띠었다. 현장을 직접 가보면, 과거의 유산 위에 새로운 현재가 더해져 5일 일정도 부족하다는 것을 느낄 수 있을 것이다.

전통적인 미술지구, 마레

마레지구(Le Marais)는 파리에서 갤러리와 미술관들이 밀집해 있는 상징적인 지역이다.

이곳은 오래된 동네라 도로가 아직도 울퉁불퉁한 돌로 포장되어 있고, 갤러리 건물들은 마치 성의 문을 여는 듯한 독특한 분위기를 자아낸다.

페로탕 갤러리는 이곳에 두 곳의 전시공간을 운영 중이며, 그 옆으로는 알민레쉬, 타데우스 로팍 같은 유명 갤러리들이 자리하고 있다. 피카소 미술관도 이곳에 있는데, 피카소의 작품뿐 아니라 그해 주목받는 작가들의 기획전시를 함께 볼 수 있다.

갤러리들 사이에는 일본식 다도를 즐길 수 있는 오가타(OGATA) 찻집이 있으니, 한 번쯤 들러서 여유롭게 쉬어 가는 것도 좋다.

지나칠 수 없는 미술관 기획전

　상쾌한 아침이다. 미술일정이 좋은 점은, 대부분의 미술관과 갤러리가 11시에 문을 열기 때문에 여유로운 아침을 즐길 수 있다는 것이다. 서두를 필요 없이, 근처 카페에서 커피와 크루아상을 즐기고 로댕 뮤지엄으로 향했다. 동시대 미술을 보러 와서 왜 로댕 뮤지엄을 가냐고 할 수도 있겠지만, 안토니 곰리와 로댕이 함께하는 전시를 한다니 지나칠 수가 없었다. 이 시대의 예술지성인 안토니 곰리와 로댕의 공동전시는, 파리 미술시장이 얼마나 영리한지를 보여주는 사례라며 우리는 발걸음을 재촉했다.

　안토니 곰리(Antony Gormley)는 자기 몸을 주물 떠서 그 형상을 조각으로 세운 영국 작가다. 철학자에 가까운 곰리는 그 주물 안에서 굳어가며 마치 죽음에 이르는 고통을 체험한다. 곰리가 그 안에서 느꼈을 아픔과 공포, 그리고 벗어났을 때 살아있음에 대한 감사와 안도감을 상상해 본다. 한 유명 작가가 나무를 그대로 잘라 전시장에 두고 "가장 원초적인 조각은 자연의 힘인 바람, 물, 햇빛이 만들어낸 형상"이라고 말했던 것이 떠오른다. 그렇다면, 곰리의 조각은 작가 자신을 담아낸, 인간을 담은 그릇이라고 할 수 있지 않을까?

요즘은 구글 지도가 도보로 이동할 때 주변을 스캔하면 큰 화살표가 나와 지름길을 안내해준다. 이 기능 덕분에 로댕 뮤지엄에서 골목 사이 지름길로 빠르게 오르세 미술관으로 이동할 수 있었다.

일반 입장객 줄과는 별도로, 두 미술관의 연계표 줄이 따로 있어 로댕 뮤지엄에서 입장권을 구매하면 할인도 받고 긴 줄을 서지 않아도 된다. 오르세는 여러 번 방문한 터라 이번엔 패스하려 했지만, 피터 도이그(Peter Doig, 1959~) 전시 소식을 듣고선 그냥 지나칠 수 없었다.

피터 도이그는 은둔형 작가로, 갤러리 전시를 자주 하지 않기 때문에 그의 작품을 직접 볼 기회가 드물다. 경매에 나오는 작품들도 대부분 작은 크기거나 드로잉뿐이라, 이번 오르세 미술관의 피터 도이그 기획전은 그의 대작을 감상할 기회다.

피터 도이그의 매력은 현실에 존재하지만, 동시에 존재하지 않는 듯한 환영을 느끼게 해주는 것이다. 그의 이 묘한 분위기는 어린 시절 부모님을 따라 스코틀랜드와 캐나다의 여러 자연환경을 떠돌며 살았던 경험에서 비롯되었다고 한다.

작품은 작가의 삶에 자연스럽게 녹아들어 만들어지기 때문에, 그들에게는 경험의 좋고 나쁨을 따질 필요가 없을 것 같다.

피악을 대신한 아트바젤 파리

2022년에는 세계 최대 규모와 작품 판매액을 자랑하는 아트페어, 아트바젤이 한국에 진출할 것이라는 소문이 무성했다. 홍콩 시장이 중국에 편입될 것이라는 예측에 따라, 다음 아시아 진출 지역으로 싱가포르, 도쿄, 서울이 거론되었고, 미술계도 술렁였다. 그러나 아트바젤이 스위스 바젤, 미국 마이애미비치, 아시아의 홍콩에 이어 선택한 도시는 파리였다.

파리에서는 기존에 10월마다 피악(FIAC) 아트페어가 열렸지만, 아트바젤은 '파리+파 아트바젤(Paris+ par Art Basel)'이라는 이름으로 파리에 상륙했다. 2023년에는 임시 건물을 세워 부스를 열었지만, 외관과는 상관없이 안의 열기는 대단했다.

우리가 방문했을 때, 중동의 테러 위협이 극에 달해 루브르 박물관에서 관람객들이 대피할 정도였다. 뉴스는 연일 파리의 테러 위협을 보도했지만, 그럼에도 사람들은 "테러집단도 이 건물 안이 아트페어인 줄 모를 거다"라는 농담을 나누며 아트페어의 열기에 동참했다.

진지한 컬렉터들에게 주최 측에서 제공하는 최우선 선택 입장권(first choice)을 받고 11시에 입장했지만, 이미 이곳은 발 디딜 틈 없이 사람이 가득하다. 유럽의 여러 나라 언어는 물론이고 중국어, 한국어, 영어가 여기저기서 들린다. '정말 많은 나라에서 파리에 모였구나'라는 생각이 든다.

참여 갤러리도 동서양을 막론하고 다양한 작품을 선보이고 있다. 파리는 고지식하고 미술에 엄격한 기준을 적용하는 도시로 인식되곤 했는데, 이번 페어에서는 미디어아트부터 설치 작품, 전통적인 페인팅까지 신선한 작품들이 많다. 구매하고 싶은 작품도 다수 보인다. 하지만 문제는 내 순번과 자격이 안 된다는 것이다.

빅토르 만(Victor Man)을 포함해 마음에 드는 작품 몇 점이 보여 물어봤더니, 이미 대기명단조차 미술관 같은 기관이 아니면 불가능한 상황이다. 결국, 포기하라는 얘기다. '작품 보는 눈이 있으면 뭐하랴, 살 수 있는 자격이 없으니 소용없지.' 속상한 마음으로 주변을 둘러보던 중, 옆에서 벨기에에서 미술관을 운영한다는 내 또래 여성이 작품 명단에 이름을 올리는 것을 보았다. 그녀가 갤러리 직원에게 명함을 건네자, 직원은 그녀의 미술관을 아는 듯 반갑게 인사하며 호응하는 모습이었다. 이렇게 미술시장은 겉으로는 상냥하지만, 손님이 되기까지의 허들은 냉정하고 단호하다.

빅토르 만은 아시아 시장에는 아직 잘 알려지지 않은 1974년생 루마니아 작가다. 그의 작품에는 역사적인 시대상이 묻어나면서도 전

쟁과 학살 등 인간 내면의 어두운 심리를 드러내는 묘한 색채와 상징들이 투영되어 있다. 지금도 그의 작품을 구매하기는 어렵고, 아드리안 게니(Adrian Ghenie)를 잇는 위대한 작가로 성장할 가능성이 매우 커 보인다.

세 시간쯤 페어를 돌고 나서도, 결국 한 점도 예약 명단에 이름을 올리지 못한 채 밖으로 나왔다. 당연히 현장에서 작품을 구매할 거라고 기대한 것은 아니었지만, 적어도 내년을 대비해 작품 대기라도 할 수 있을 거로 생각했는데 그마저도 쉽지 않았다. 이미 스타작가들의 작품은 가격이 정점에 이르러 현실적으로 구매하기 어려웠고, 시장성과 예술성을 겸비한 성장 잠재력이 있는 작가의 작은 작품을 찾아야 했는데, 이번에는 그런 기회조차 잡지 못하고 페어장을 나왔다.

새로운 미술지구, 마티뇽가

파리에 전통적인 갤러리 지구인 마레가 삼청동과 같다면, 마티뇽(Matignon)가는 한남동에 비유할 수 있다. 이곳에는 하우저&워스를 필두로 해외 갤러리들이 속속 오픈하거나 이전하고, 신규 지점을 개설하며 마티뇽가는 파리에서 가장 뜨거운 갤러리 지구로 자리 잡고 있다. 소더비와 크리스티 같은 주요 경매사들이 있고, 가고시안부터 하우저&워스까지 대형 갤러리들이 명품매장과 나란히 늘어서 있다.

갤러리를 둘러보다 경매사에도 잠시 들러봤지만, 경매는 여전히 런던이 몇 수 위로 느껴진다. 경매는 작품의 위탁자와 응찰자만큼 시스템이 중요한데, 런던은 이 시스템에서 파리보다 훨씬 체계적으로 운영되고 있기 때문이다.

마티뇽가를 걸으며 갤러리만큼이나 많은 명품매장들을 지나게 된다. 이 광경을 보면서 '미술품 구매 과정을 쉽게 이해하려면 에르메스 가방을 사는 과정과 비슷하다.'라는 지인의 말이 떠오른다. 갤러리에서 좋은 작품을 제안받으려면, 마치 버킨백을 받기 위해 에르메스 매장에서 충성 고객이 되어야 하는 것과 같다는 이야기다.

이제 마티뇽가에서 예약해둔 루이 비통 파운데이션으로 가는 버스를 타기 위해 개선문까지 걸어간다.

전시 수준과 규모로 압도하는 루이 비통 파운데이션

루이 비통 파운데이션은 많은 논란에도 불구하고 파리의 중요한 미술관 중 하나로 자리 잡았다. 이 미술관은 세계 1위 부호인 베르나르 아르노의 컬렉션을 기반으로 한 사립미술관이자 문화재단이다.

개관 전부터 루이 비통 파운데이션은 공립공원에 사립미술관을 세운 것에 대한 논란, 파리 시민들의 미술관 반납 요구 등으로 구설에 올랐다. 하지만, 이 모든 소란은 재단의 뛰어난 컬렉션과 전시 기획력이 잠재운 듯하다.

내가 방문했을 때는 마크 로스코의 기획전이 열리고 있었는데, 이렇게 대규모로 로스코의 작품을 본 것도, 기획 내용별로 전시장이 따로 구성된 것도 처음이었다. "로스코의 소장자들과 접촉해 이 작품들을 대여해오다니!" 이들의 강력한 미술계 네트워에 다시 한번 놀랐다.

아르노의 컬렉터로서의 성향은 그의 사업적 라이벌인 프랑수아 피노와는 차이가 있다. 피노가 실험적이고 감성적인 컬렉터라면, 아르노는 철저하게 목적성을 가지고 계획하는 컬렉터로 보인다.

이렇게 파리는 다시 미술시장의 중심으로 부활하고 있다. 5일의 일정이 부족할 정도로 볼거리가 넘쳤고, 내년 파리를 기약하며 샤를 드골 공항으로 발길을 돌린다.

[마레 지구]

• 피카소 뮤지엄 Musée National Picasso-Paris: 5 Rue de Thorigny, 75003 Paris

• 패로탕 갤러리(1) Galerie Perrotin: 76 Rue de Turenne, 75003 Paris

(2) Impasse Saint-Claude: 10 Impasse Saint-Claude, 75003 Paris

• 알민레쉬 Almine Rech Gallery: 64 Rue de Turenne, 75003 Paris

• 타데우스 로팍 Galerie Thaddaeus Ropac: 7 Rue Debelleyme, 75003 Paris

• 오가타 티 하우스 Ogata Tea House: 16 Rue Debelleyme, 75003 Paris

[미술관]

• 로댕 뮤지엄 Musée Rodin: 77 Rue de Varenne, 75007 Paris

• 오르세 Musée d'Orsay: 1 Rue de la Légion d'Honneur, 75007 Paris

[아트페어]

• 파리+ 파 아트바젤 Paris+ par Art Basel: Grand Palais, Avenue Winston Churchill, 75008, Paris

[마티뇽가]

• 하우저&워스 Hauser & Wirth: 32 Avenue Matignon, 75008 Paris

• 가고시안 Gagosian: 4 Rue de Ponthieu, 75008 Paris

- 패로탕 Perrotin: 2 bis Avenue Matignon, 75008 Paris

- 크리스티 경매사 Christie's: 9 Avenue Matignon, 75008 Paris

- 소더비 경매사 Sotheby's :76 Rue du Faubourg Saint-Honoré, 75008 Paris

[컬렉션]

- 피노 컬렉션 Bourse de Commerce - Pinault Collection: 2 Rue de Viarmes, 75001 Paris

- 루이 비통 파운데이션 Louis Vuitton Foundation: 8 Avenue du Mahatma Gandhi, 75116 Paris

2024년 10월 파리를 통해 본 미술시장은

오늘은 2024년 10월 셋째 주, 파리 아트위크가 시작되는 날이다.

직접 가진 못했지만, 인스타그램과 갤러리에서 받은 작품 제안과 뉴스레터 등을 통해 파리 미술시장의 흐름을 간접적으로나마 느껴보기로 했다.

한해가 마무리되는 파리시장은 한해의 판단기준이 된다

10월에 파리에서 열리는 아트바젤을 중심으로 한 미술관과 갤러리 전시, 그리고 그 판매 결과와 반응은 한 해의 미술시장 분위기를 가늠

할 수 있는 중요한 기준점이 된다. 물론 12월에 열리는 아트바젤 마이애미 비치가 남아 있지만, 마이애미 비치의 아트페어는 전 세계 미술시장보다는 주로 미국시장의 동향을 반영하기 때문이다.

파리에서 열린 전시와 아트페어에서 판매된 작품들을 온라인으로 살펴보니, 올해 미술시장의 분위기를 세 가지 단어로 요약할 수 있겠다.

초현실주의, 팝아트, 그리고 기관 컬렉터가 주도하는 시장이다.

지금은 초현실주의, 팝아트, 기관 컬렉터의 시대

2024년은 미술시장의 호황이 마무리되고, 둔화기에 접어들었다. 이러한 시기에는 호황기보다 더 밝고 화려한 그림이 선호된다. 특히, 현실을 벗어나고 싶은 심리가 반영된 초현실주의 작품과 색이 쨍한 팝아트가 더욱 매력적으로 보인다.

아트페어와 전시에 갤러리들은 개인 컬렉터를 위한 작은 크기의 페인팅 대신, 대형 조각 작품을 주력으로 판매하는 모양새다. 파리의 갤러리 전시를 살펴보니, 조각과 설치 작품이 눈에 띄게 많다.

그중에는 빛과 공간을 다루는 제임스 터렐(James Turrell, 미국, 1943~)도 있다.

이러한 갤러리 전시는 기관 컬렉터를 겨냥한 전략적인 판매를 목적으로 한 것으로 보인다.

터렐의 작품은 특정한 공간이나 건축 구조가 필요하기 때문이다.

이러한 경향은 미술관 전시에서도 확인할 수 있다. 파리 동시대 미술의 중심이라 할 수 있는 두 전시공간은 퐁피두센터와 루이 비통 파운데이션이다. 퐁피두센터에서는 르네 마그리트를 중심으로 호안 미로, 막스 에른스트, 레오노라 캐링턴 등의 작가들이 참여한 초현실주의 전시가 열리고 있으며, 루이 비통 파운데이션에서는 로이 리히텐슈타인을 중심으로 한 팝아트 전시가 진행 중이다.

파리의 방돔 광장에는 매년 상징적인 조각 작품이 선보이는데, 올해는 가고시안 소속 작가인 카스텐 휠러(Carsten Höller, 1961~)의 대형 버섯 조각이 설치되었다. 여러 버섯이 결합된 빨간 머리를 가진 이 조각은 환각 성분이 있는 종을 모티브로 하여 신비로운 분위기를 자아낸다. 이는 인간의 인지 능력과 한계를 탐구하는 작가의 의도가 잘 드러나 보인다.

파리 아트위크 기간 동안 방돔 광장을 거쳐 간 작가로는 우르스 피셔, 야요이 쿠사마, 알렉산더 칼더, 호안 미로 등이 있다.

내 눈을 사로잡은 두 젊은 작가

갤러리 전시 중에서는 페로탕에서 진행 중인 1989년생 영국계 미국 작가 엠마 웹스터(Emma Webster)의 작품이 눈에 띈다. 전시가 시작되기 전부터 작품 판매가 잘 이루어지는 듯하다. 웹스터는 가상현실(VR)의 시각 전달자로서 전통적인 페인팅 기법을 미래기술에 결합한 점이 인상적이다. 신진 작가를 평가할 때, 독창성과 더불어 학력도 중요한 요소가 될 수 있다. 엠마 웹스터는 스탠퍼드 대학에서 학사 학위를, 예일 대학에서 석사 학위를 마쳤다는 점에서 그 교육적 배경이 눈에 띈다.

한편, 갤러리마다 시스템은 다르지만, 대체로 전시 작품 리스트가 제공되면 작품의 구매 가능 여부가 실시간으로 표시된다. 이러한 시스템 덕분에, 작품 리스트를 열 때마다 판매 현황을 즉시 확인할 수 있다.

아트바젤에서 판매되는 작가 중 가고시안에서 판매 중인 1987년생 미국 출신 자미안 줄리아노-빌라니(Jamian Juliano-Villani)의 페인팅이 눈에 들어온다.

팝아트가 현재의 구매 주기와 맞물려 있는 시대 장르라고 생각해서 그런지, 팝아트적 색표현과 복잡한 문화적 요소가 결합된 자미안의 페인팅이 더욱 매력적으로 보인다.

작가의 포스터, 광고 전단지 같은 이미지 작업이 어떻게 나왔는지 궁금해 찾아보니, 자미안의 가족이 운영하는 프린트 공방이 작품에 영향을 주었다고 한다.

지금까지 온라인을 통해 현재 미술시장을 살펴보았다. 과거와 달리 이제는 직접 현장을 방문하지 않아도 온라인 정보만으로 미술시장의 흐름을 파악할 수 있는 시대가 되었다. 하지만 직접 보고 느끼는 경험을 대신할 수는 없을 것이다.

더 많은 미국과 아시아 갤러리들이 파리에 진출할 것이라는 소식을 들었는데, 내년 더욱 활기차진 파리에 직접 가볼 수 있기를 기대해 본다.

한 해의 마무리는 마이애미비치에서

미술소비가 아름다워 보이는 곳

12월이 되면 따뜻한 바닷가 휴양지를 찾아 떠나는 사람들이 선택하는 곳 중 하나가 바로 플로리다주의 마이애미 비치다. 이곳은 부호들의 세컨하우스가 모여 있으며, 수영장이 딸린 넓은 집들과 미술관만큼 큰 벽에 작품이 걸린 집들이 즐비하다.

아트바젤 VIP 프로그램을 통해 마이애미에 거주하는 컬렉터의 집들을 방문한 적이 있다. 왜 갤러리들이 마이애미 컬렉터를 선호할 수밖에 없는지 이해할 수 있었다. 높이 5m에 달하는 대형 페인팅을 걸 수 있는 벽이 많았고, 북미와 남미 지역의 대규모 수장고가 이곳 마이애미에 있었다. 그래서 작가의 대형 작품을 개인 컬렉터에게 판매할 수 있는 가장 큰 시장이 바로 이곳 마이애미였다. 그래서 뭘 살지 고민하고 공부하는 시간 대신, 주저하지 않고 바로 구매로 이어지는 것이 이곳의 자연스러운 분위기인 듯하다.

유명 컬렉터를 만날 수 있는 기회

아트 바젤이 마이애미비치에서 열리게 된 이유 중 하나는 지역 컬렉터들의 영향력 때문이라고 한다. 다른 도시와 달리, 마이애미의 컬렉터들은 페어 기간 중 자신의 집을 공개해 컬렉션을 선보이기도 한다. 8년 전에 만난 자비에 모니카라는 컬렉터도 그중 한 명으로, 여전히 연락을 주며 "어떤 작품에 관심이 있느냐"고 묻곤 한다.

그의 집에는 가구보다 많은 미술품이 있었고, 자신의 타카시 무라카미 작품이 미술 잡지 표지에 실렸다며 기뻐하던 모습이 기억에 남는다. 최근에는 미술시장이 다소 침체한 상황에도 불구하고 여전히 새로운 작품을 찾아 나서고 있었다. "지금이 저명한 중견 작가의 저평가된 작품을 사기 좋을 때라며, 한국에 이기봉 작가가 마음에 든다"라고 연락이 왔다.

특히 아시아 미술에 관심이 많아, 한국, 일본, 중국, 홍콩에서 주목할 만한 작가가 누구인지 묻는 게 그의 주요 메시지다. 마이애미비치에 갔을 때 두세 번 만난 게 다지만, 어떤 작품에 관심이 있는지, 최근에 구매한 작품은 무엇인지 공유하는 미술 친구로 8년째 지낸다. 그의 컬렉션에 대한 열정을 보며, 그림 수집이 단순한 목적이 아니라 타고난 기질임을 다시금 느끼게 된다.

왜 나는 자꾸 마이애미비치를 가는가

왜 이 먼 곳을 여러 번 찾았는지 궁금할 것이다. 내가 원하는 그림을 가장 많이 구매한 아트페어가 바로 아트바젤 마이애미비치기 때문이다.

이유는 간단하다. 나와 같은 니즈를 가진 사람이 많지 않기 때문에 다른 지역보다 경쟁이 덜하다. 우선 이곳의 실구매자들은 세컨하우스나 수장고를 보유한 현지 거주자들이다. 이들은 넓은 공간에 어울리는 큰 작품을 선호하기 때문에, 상대적으로 내가 찾는 작은 크기의 작품에 대한 수요가 적다.

또 하나의 이유는 아시아에서 인기 있는 작가들이 이곳에서는 그저 그런 경우가 많다는 점이다. 덕분에 마이애미비치는 나의 득템 장소가 되었다.

한편, 아트바젤과 멀지 않은 해변에서 열리는 언타이틀드 아트페어(Untitled Art)는 중대형 갤러리로 가기 직전의 실력 있는 신진 작가들을 만날 수 있는 아트페어다. 여기서는 수준 높은 작품을, 신진 작가라는 이유로 합리적인 가격에 구매할 기회가 있다.

내가 언타이틀드 아트페어에 갔을 때도 그랬다. 지금은 인기 작가가 된, 푸들 강아지를 밝은 색감의 다양한 붓질로 표현하는 수수무 카미조(Susumu Kamijo)의 작품을 경쟁자 하나 없이 저렴하게 살 기회가 있었다. 운송비가 많이 들 거라는 이유, 종이 작업이라 보관이 어려울 거라는 이유 등 여러 핑계를 스스로 붙이며 구매를 망설이다 결국 구매하지 못했다. 지금 다시 생각해봐도 컬렉션은 돈의 문제가 아니라 안목과 결단력의 문제임을 다시 한번 깨닫게 된다.

메가 컬렉터들의 구매파워

마이애미 비치에서 열리는 아트페어가 다른 아트페어들과 차별화되는 점은, 이곳에서는 실제 집이나 공간에 필요한 작품을 구매한다는 것이다. 그래서 미술의 자산 가치보다 개인의 취향이 우선되는 구매 성향이 두드러진다.

작가들 역시 아트 바젤 마이애미에 나갈 주문제작 작품을 갤러리로부터 의뢰받는다면 기꺼이 작업할 것 같다. 보통은 아트페어에 맞춰 작품을 내놓는 것을 선호하지 않지만, 미술관 수준의 5m 이상 대형 작업이라면 매력을 느낄 것이다.

실제로 메가 컬렉터인 루벨 패밀리의 집에 초대받아 갔는데, 집이 웬만한 미술관보다 컸다. 스털링 루비(Sterling Ruby)의 도자기와 금속을 이용한 설치작품부터 스프레이 페인팅까지, 미술관에서 본 적 없는 실험적인 작품들을 한자리에서 볼 수 있었다. 간단한 웰컴 드링크와 핑거 푸드를 제공한 집 뒤 테라스는 바다와 바로 연결돼 있었다. 이 정도 규모의 집을 소유한 이들이 운영하는 미술관 규모는 충분히 상상할 만하다.

아트 바젤 기간에 초대받은 또 다른 개인 컬렉터의 수장고는 마틴 Z. 마굴리스 컬렉션이었다. 입구에는 위엄 있는 가드가 수장고 문을 지키고 서 있는 모습을 제외하고는 외관은 평범한 창고건물 같았다. 안으로 들어가자 진정 놀라운 장면이 펼쳐졌다. 마치 베니스 비엔날레 국가관에 온 듯했다. 이곳에서 본 안젤름 키퍼(Anselm Kiefer) 작품들은 크기와 실험적 요소에서 압도적이었다. 이 모든 것이 개인 컬렉션이라는 사실이 믿기 힘들었다.

마굴리스는 부동산 개발업자로 부를 축적했으나, 미술에 있어서는 오직 사랑과 헌신을 드러냈다. 그는 안젤름 키퍼, 안토니 곰리, 올라퍼 엘리아슨과 같은 대형 작품을 수집했다. 작품의 범위는 실험적인 비디오 작품부터 대형 설치물까지 아우르고 있었다. 개인이 이런 보관과 관리, 재판매가 까다로운 작품들을 소장하는 것은 쉽지 않은 일이었을 것이다.

그의 컬렉션을 보며, '거대 부자니까 가능한 일이겠지'라고 생각했지만, 그는 한 인터뷰에서 "나는 돈이 많지 않았지만, 많은 작품을 구매하는 데 큰돈이 들지 않았다."라는 그의 말을 듣고, 컬렉션은 결국 돈의 문제가 아니라는 것을 깨달았다. 그가 덧붙인 또 하나의 컬렉션 철학은 단기적 변동에 흔들리지 않고 본질적 가치에 집중하는, 워렌 버핏이 말한 "구매 후 보유 (Buy and Hold)" 전략이었다.

- 아트바젤 마이애미비치 Art Basel Miami Beach: Miami Beach Convention Center, 1901 Convention Center Dr, Miami Beach, FL 33139
- 언타이틀 Untitled: Ocean Drive & 12th Street, Miami Beach, FL 33139(해변가에 텐트구조로 해마다 설치)
- 마굴리스 컬렉션 수장고 The Margulies Collection at the Warehouse: 591 NW 27th St, Miami, FL 33127

미술 컬렉터를 위한 시기별 미술 용어 정리

미술시장은 판매 편의성을 위해 작품을 시기별로 분류한다. 이 분류는 미술사의 학문적 기준이 아니라, 시장에서의 효율성을 위한 것이다. 따라서 이러한 분류를 쉽게 받아들이면 된다.

또한 '현대미술'이라는 용어는 시기와 범위가 넓어, 현재 활동 중인 작가들을 지칭할 때는 동시대 미술(Contemporary Art)이라는 용어가 더 적절하다.

미술 경매의 대표 시기 구분

2024년 아트바젤 & UBS 미술시장 보고서에서는 미술시장을 아래와 같이 분류한다.

- 전후 및 동시대(Post-War and Contemporary)
: 1910년 이후 출생한 작가

- 전후(Post-War): 1910년~1945년 사이에 출생한 작가

- 동시대(Contemporary): 1945년 이후 출생한 작가

전후 및 동시대를 다시 두 시기로 나눌 때, 경매 매출에서 가장 높은 금액을 차지하는 부문은 전후 시대다. 1910년~1945년에 사이에 미국 작가들이 주도하는 시장으로 가장 비싼 작품들이 포진해 있는 시기기 때문이다. 주요작가로는 추상표현주의 대표인 잭슨 폴록(Jackson Pollock), 윌렘 드 쿠닝 (Willem de Kooning), 색면추상의 거장인 마크 로스코 (Mark Rothko)등이 있다. 거기에 지금까지도 미국 시장을 이끌고 있는 팝아트의 대표 앤디워홀(Andy Warhol)이 이 시기 분류에 포함된다. 그러니 미국시장이 세계 시장 규모 1등인것도 당연해 보인다.

동시대 미술은 1945년 이후, 세계 2차 대전 이후 출생한 작가군을 말한다. 최근 몇 년간 20~40대 구매자 비율이 높아지면서 동시대 미

술의 매출이 상승하고 있다. 이는 코로나19 이후 변화한 경제구조가 영향을 미쳤다.

- 근대(Modern)
: 1875년~1910년 사이에 출생한 작가
- 인상파 및 후기 인상파(Impressionist and Post-Impressionist)
: 1821년~1874년 사이에 출생한 작가

경매사별 최신 트렌드, 새로운 경매 이름의 변화

최근 경매사들은 기존의 시기 분류 대신, 더 친숙하고 접근이 쉬운 경매 이름으로 변경하고 있다.

필립스(Phillips) 경매의 〈New Now〉는 주로 신진 작가의 트렌디한 작품을 다루며, 젊은 고객층을 타깃으로 한다. 소더비(Sotheby's)의 〈The Now〉 역시 신예 작가들의 작품을 주요하게 다루고 있다. 여기서 종종 언급되는 울트라 컨템포러리(Ultra-contemporary)는 아트프라이스 보고서에 따르면, 40대 미만 작가를 지칭하며 2019년에 처음 사용하기 시작했다. 이는 젊은 컬렉터층의 증가에 따라 판매되는 작가들의 연령대도 낮아지고 있으며, 경매사들이 새로운 세대의 고객들이 더 쉽게 접근할 수 있도록 여러 경매 명칭을 변경하거나 새로운 용어를 만들어낸 결과다.

컬렉터의 변화, 젊은 세대의 새로운 미술시장

미술시장은 세대 변화에 맞춰 빠르게 변화하고 있다. 과거에는 가문의 컬렉션 취향이 이어졌지만, 현재는 자수성가한 젊은 사업가들이 자신의 세대 작가 작품을 소장하고자 한다. 주식, 인플루언서, 비트코인, 개인사업을 통해 부를 축적한 젊은 컬렉터들이 미술시장에서 활발히 활동하고 있으며 아트컬렉터 인플루언서도 등장하고 있다.

이러한 변화는 특히 아시아, 특히 홍콩지역 경매에서 두드러진다. 더 젊은 작가들이 경매에 등장하고 때로는 1차 시장인 갤러리에서 처음 소개된 작가의 이름이 경매에 나타나기도 한다. 이는 1, 2차 시장 간 시차가 거의 없음을 보여준다. 그러나 이런 빠른 변화 속에서, 신예 작가들이 충분히 자리 잡기 전에 시장이 과열되거나 일시적으로 사라지는 현상도 발생할 수 있다.

V.

미술품 가치를 지키는 컬렉션 관리법

작품 보관이 향후 가치에 영향을 미친다

구매만큼 중요한 것은 보관

작품을 구매하는 것만큼 중요한 것이 보관이다. 가장 좋은 보관 장소는 내가 사는 집이다. 생활하는 집은 온도와 습도를 수시로 관리할 수 있는 공간이기 때문이다. 하지만 모든 작품을 집에 둘 수는 없으니 몇 가지 주의할 점을 알아보자.

빛과 물은 반드시 피하자

첫 번째는 직사광선이다. 아무리 캔버스에 그린 페인팅이라고 해도, 종일 비치는 햇살에는 견디기 힘들다. 유화물감은 더위와 추위에 강한 편이지만, 오랜 시간 햇빛에 노출되면 변색이나 갈라짐이 생길 수 있다. 두 번째는 물이다. 습도가 높은 곳에 작품을 오랫동안 두면 곰팡이가 필 수 있다. 특히 종이 작업의 경우는 더욱 주의해야 한다. 이 두 가지 관리가 가장 중요하다. 운송이나 설치는 업체에 맡기면 100호(163 x 130cm) 기준으로 약 20만 원 정도로 작품박스를 제작해 준다. 제작된 박스에 작품을 넣어 방 한쪽에 두는 것도 좋은 방법이다.

작품 이사

이사가 있으시다면, 작품과 이사는 별도로 하시길 바란다. 작품을 전문으로 하지 않는 이사 업체에 작품을 맡기면 예상치 못한 손상 우려가 있으니, 작품은 따로 먼저 옮기고, 짐이 다 들어간 후 설치하는 것이 안전하다. 미술품 운송사에 의뢰해서 설치비가 들더라도 작업을 맡기자.

벽에 못을 박기 싫어서 와이어(철끈)로 작품을 걸어두는 경우가 있는데, 시간이 지나면 작품 무게 때문에 떨어질 수 있다. 벽에 못을 제거한 후에 벽을 원상복구 할 수 있는 재료가 시중에 많이 나와 있다. 이사 할 때, 못을 빼고 벽 메꾸기를 하면 된다. 하지만 대리석 벽에는 못을 박지 않도록 하자. 벽 전체가 갈라질 수 있어 복구할 수 없다. 작품이 크지 않다면 직접 옮길 수도 있다. 이때 비닐이 마른 작품이라도 붙을 수 있으니 뽁뽁이 포장지 대신 미술품 포장용 발포지로 포장하는 것이 좋다. 발포지는 온라인에서도 쉽게 구매할 수 있다. 평면 작업이 아니라면, 박스에 작품을 넣고 솜이나 스티로폼으로 고정해 이동 중 흔들리지 않도록 하자.

작품 보험

집에 보관하는 작품도 보험을 들고 싶을 때가 있다. 그러나 오피스텔이나 아파트에 보관된 작품을 보험 처리해 주는 업체는 거의 없다. 값비싼 작품이라면 미술품 수장고 서비스를 이용하는 것도 방법이다. 서울옥션, 케이옥션, 동부아트, 하나은행 등의 수장고 서비스를 이용해도 좋다. 단, 수장고 사용자 대기 번호가 길 수 있다. 비용도 저렴하지 않은 편이다.

작품 액자

우스갯소리로 외국 친구들이 '그림 액자를 이렇게 열심히 하는 곳은 한국밖에 없을 거야.'라고 한다. 사실 영국, 프랑스, 미국 등에 가면 그림 원본으로 걸어놓지 액자를 종이 작업 외에는 잘하지 않는다. 우리나라는 재판매를 생각해서 작품 관리에 예민한 것도 있겠지만, 불을 쓰는 요리도 집에서 많이 해 먹기 때문에 액자가 필요하다고 본다.

액자는 아크릴 액자를 추천한다. 유리 액자는 작품이 떨어졌을 때 유리 파편이 작품에 직접적인 손상을 줄 수 있기 때문이다. 아크릴은 내구성이 강하고 잘 깨지지 않는다. 다만, 아크릴은 반사 때문에 작품을 감상할 때 투명도가 떨어질 수 있지만, 가격을 생각했을 때 가장 추천하는 액자 방식이다. 무반사 아크릴은 일반 아크릴 대비 가격이 3배 정도 더 비싸다.

액자가게는 미술품을 전문으로 다루는 곳에 맡기자. 고가의 작품을 구매했다면 갤러리에서 추천해 주거나 대행해 주니 미리 걱정할 필요는 없다. 중요한 건 그림을 먼저 사고, 보관과 액자는 그 이후에 자연스럽게 해결된다는 것이다.

작품 구매를 하기도 전에 관리에 대해 미리 알려드려서 보관과 이동 걱정이 되셨을 수 있지만, 이런 상식적인 정보들을 알아두면 나중에 당황하지 않게 된다. 작품 관리가 재판매 가치에 영향을 주기 때문에 작품 구매만큼 중요하다는 점은 기억하되, 너무 예민해질 필요는 없다. 하지만 소홀해서도 안 된다.

온라인에서 강한 스타일이 바로 나라면

미술품을 사러 다닐 시간이 없으시다면, 온라인에서도 컬렉션이 가능한 시대가 되었다는 기쁜 소식을 전한다.

온라인이든 오프라인이든 신뢰를 바탕으로 작품을 사고파는 시장이기 때문에, 온라인에서도 작품 구매 의사결정을 번복하지 않고, 입금 기일을 잘 지키며, 5년 이후에 공개적으로 재판매하지 않는 신뢰를 보여준다면 온라인만으로도 충분히 좋은 컬렉터가 될 수 있다.

방향을 잃지 않도록 몇 가지 온라인 미술 구매 사이트를 공유해 보겠다.

가고시안의 온라인 익스클루시브

가고시안은 전 세계 19개 지점을 운영하는 자본력과 전속작가들의 작품 수준이 최고로 평가받는 갤러리 중 하나다. 입장의 허들이 높을 것 같지만, 의외로 온라인 작품 구매를 편하게 할 수 있는 서비스를 제공한다. 구글 검색창에 영어로 'Gagosian online exclusive'를 입력하면 해당 페이지로 접속할 수 있다. 기존 판매 작업보다는 신작과 특별 에디션 작업을 주로 소개한다. 온라인 구매 시 참고할 만한 자료로는 전속작가들의 전시 소식과 평론이 소개되는 쿼털리(Quarterly)매거진이다. 갤러리 발행본답지 않게, 평론부터 작가 인터뷰까지 깊이 있는 글들이 많다.

　대부분 갤러리 설립자가 작고하면 갤러리는 그 명성을 잃고 문을 닫는 경우가 많다. 하지만 페이스, 데이비드 즈워너 등 대형 갤러리들은 이러한 상황을 방지하기 위해 일찍이 다음 세대로 갤러리 소유권 이전 노력 해왔다. 그러나 결혼하지 않고 자녀가 없는 1945년생 가고시안은 대를 이을 방안이 없다. 대신, 구매자 확장을 위해 온라인 구매와 교육 목적으로 분기에 한 번씩 발행되는 매거진을 만들고, 온라인 전시와 판매에도 적극적으로 나서고 있다. 최근 기사에 따르면, 가고시안은 주요 컬렉터를 포함한 미술계 인사 약 24명으로 구성된 이사회를 꾸려 갤러리 운영을 이어가려는 전략을 구상 중이라고 한다.

데이비드 즈워너의 플랫폼

　데이비드 즈워너(David Zwirner)는 플랫폼(Platform)이라는 온라인 채널을 통해서도 작품을 판매한다. 전속작가뿐만 아니라 독립 갤러리와 협업하여 매달 새로운 작품을 선보이는 것이 특징이다. 여느 오프라인 갤러리 판매처럼 구매 시간을 한정하여 구매 욕구를 자극하는 전략을 사용한다. 가격대가 높지 않은 신진과 중견 작가의 작업이 주를 이룬다.

온라인 시장은 중소형 갤러리가 주도할 것 같지만, 오히려 자본력이 큰 갤러리들이 온라인 사업에 더 많은 투자와 서비스를 확장하고 있다. 온라인이라는 한계로 인해 고가의 작업은 많이 거래되지 않지만 말이다. 그림이라는 것이 시각예술인만큼 직접 보는 것이 가장 좋긴 하지만, 시간의 여유가 없는 컬렉터나 온라인이 더 편한 구매자에게는 추천할 만하다.

그 외 아트시와 온라인 경매

전통적인 온라인 미술품 거래 플랫폼으로는 아트시(Artsy)가 있다. 여러 갤러리의 작품을 중개 거래하는 플랫폼으로, 가장 많은 작품 수를 보유하고 있다. 하지만 너무 많은 작품 속에서 길을 잃을 수 있다는 단점이 있다. 아트페어 소식, 갤러리 뉴스, 경매 기록 등을 제공하고, 자체적으로 온라인 경매와 기획전시도 아트시 안에서 진행한다. 몇 번 아트시에서 작품을 구매하면, 담당 세일즈 디렉터가 관리해주기도 한다. 예를 들어, 런던 프리즈 등 해외 아트페어에서 일정 예산 내에서 구매하면 좋은 작품을 개인적으로 추천해 주고, 재판매할 작품이 있으면 계약 후 판매를 전담해주기도 한다.

갤러리 작업보다는 이미 시장성이 검증된 작업을 온라인에서 구매하고 싶다면, 필립스, 소더비, 크리스티의 온라인 경매에 참여하는 것도 추천한다. 국내 경매사로는 서울옥션과 케이옥션이 있으며, 도쿄에서는 SBI 옥션이 온라인 서비스를 제공한다. 홈페이지에서 응찰 방법을 확인하거나, 경매사에 전화해 응찰 방법을 문의하면 어렵지 않게 시작할 수 있다. 외국어가 걱정된다면, 한국 사무소의 도움을 받으면 된다. 소더비, 크리스티, 필립스 모두 서울에 사무소가 있다. SBI에는 한국인 직원이 있어 언어 장벽은 큰 문제가 되지 않는다.

너무 많은 정보와 작품 수는 오히려 독이 될 수도 있다. 개인적으로는 온라인 구매를 첫 단계에서 추천하지 않지만, 주변 행사에서만 둘러보고 미술품을 구매하는 것보다는 나은 대안이 될 수 있다.

[서울 사무소 운영 중인 해외 경매사]
• 소더비 코리아: 서울특별시 용산구 이태원로55가길 21 5층, T. 070-4522-5725
• 크리스티 코리아: 서울특별시 종로구 팔판동 137, T. 02-6410-8210
• 필립스 코리아: 서울 용산구 대사관로 35 사운즈한남 12호, T. 02-797-8008

아트 어드바이저라는 직업

넓은 세상을 경험하고, 성공한 사람들의 태도를 배울 기회

런던 소더비에 유학 가기 전에 다니던 회사에서 인수합병 업무를 한 적이 있었다. 덕분에 회사 밖으로 나가 외부 전문가들과 사장님들을 만나 인터뷰하거나, 기업공개(IPO)나 주주총회를 준비하면서 평소 만나기 힘든 분들을 만날 기회가 많았다. 그 시절, 세상은 내가 아는 것보다 훨씬 치열하고 다양하다는 것을 깨달았다.

이후 런던으로 미술학교에 가고, 인턴십을 하면서 작가, 컬렉터, 갤러리스트, 경매사, 딜러, 큐레이터로 일하는 사람들을 만났다. 지금까

지 경험한 적 없는 색을 가진 사람들이었다.

한국에 돌아와 재단에서 컬렉션 업무를 할 때도 전 세계가 한 업무 지역이 되는 미술시장을 경험했다. 그렇게 시간이 흐르고, 내 주변은 미술컬렉션을 하시는 회장님과 가족들, 혹은 자수성가한 젊은 CEO 들로 변해 있었다. 내 안목이 높아질수록 만나는 사람들도 자연스럽게 달라졌다.

성공한 사람일수록 미술에 더 큰 관심이 있었고, 컬렉션에 대한 열정도 더 깊었다. 그들에게 컬렉션은 단순한 자산이나 투자 수단이 아닌, 영감과 에너지원이었다. 예술 그 자체를 사랑했고, 옳다고 생각할 때 의사결정 속도와 실천력은 놀랄 정도로 빨랐으며, 상대를 배려하는 태도가 몸에 배어 있었다.

또한, 좋은 것을 얻고 싶다면 그것에 직접 다가가기보다는, 자연스럽게 상황을 만들어 부드럽게 쟁취하셨다.

이를 통해 나도 원하는 미술품을 바로 얻으려 하기보다는, 갤러리가 나에게 제안할 수 있는 상황을 만드는 것이 중요하다는 것을 깨달았다. 그리고 좋은 작품을 얻으려면, 내가 먼저 좋은 성품을 갖춘 준비된 사람이 되어야 한다는 것도 말이다.

여정을 함께하는 상담가

아트어드바이저는 미술과 관련된 모든 일을 담당한다. 아트딜러는 손님이 원하는 작품을 찾아 가격에 맞춰 거래를 성사시키는 역할을 하지만, 아트어드바이저는 고객과 함께 미술 여정을 걸어가는 친구 같은 존재다. 미술에 대한 상담은 곧 예산, 자산, 성향, 고민 등이 담겨 있어, 한 사람을 여러 각도로 바라보는 역할을 하게 된다. 그래서 때로는 미술 상담 대신 사업 상담을 하기도 한다. 결국, 세상을 어떻게 바라보느냐의 차이일 뿐, 얘기하다 보면 비슷한 맥락이 있다. 나는 작가와 작품을 통해 세상을 읽어내고, 사업가는 자신의 비전을 통해 세상을 읽어 가치를 만든다는 공통점이 있기 때문이다.

컬렉터들이 홀로 설 수 있도록

아트 어드바이저는 컬렉터에게 미술계의 문을 열어주는 안내자 역할을 하며, 궁극적으로는 그들이 안목을 키워 홀로 설 수 있도록 돕는 역할을 한다. 따라서 아트 어드바이저는 단순히 작품뿐만 아니라 미술계의 분위기와 트렌드까지 파악하며 더 많은 것을 보고 느끼기 위해 더욱 부지런해져야 한다. 전 세계의 미술 행사를 따라다니며 정보를 습득하고, 그 과정에서 얻은 노하우를 바탕으로 컬렉터들이 보이지 않는 미술계의 진입장벽을 넘어설 수 있도록 톤과 매너를 알려준다.

내 컬렉션도 경력만큼 쌓여간다

나의 아트출장은 스스로 일 년 치 미술일정을 짜고 떠나는 것이다. 동기부여가 없다면 체력과 시간의 손실이 크다. 하지만 많이 보면 볼수록 안목이 생기고, 그 과정에서 나를 위한 작품을 자연스럽게 구매할 기회도 생긴다. 모은 작품들은 그 시절의 나의 감정과 상황을 담고 있어, 내가 어떤 사람인지 스스로 깨닫게 해주며, 시간이 지나 작품의 가치가 올라가면 경제적으로도 도움이 된다.

젊음을 오래 간직할 수 있는 직업

성직자와 작가가 가장 오래 젊음을 유지한다고 한다. '아하!'의 깨달음을 자주 경험하기 때문이란다. 작가만큼은 아닐지라도, 아트 어드바이저의 일은 전시와 작품을 통해 지적 호기심이 발동되고 채워진다. 미술품은 단순히 미술사적 관점에서만 이해할 수 있는 것이 아니라, 현 사회의 흐름과 경제, 과학, 철학, 문학 등 다양한 분야와 연결되어 있어서, 넓은 시야와 깊은 이해가 필요하다. 그래서 끊임없이 변하는 작품과 미술시장이 나를 계속해서 젊게 만들어준다.

건강하기만 하면 평생 할 수 있는

대부분 50대 중반에 퇴직을 준비하지만, 아트 어드바이저는 시간이 지날수록 더 깊이 있는 식견을 가진 전문가가 된다. 오랜 시간 쌓은 안목과 신뢰를 바탕으로 더욱 안정적으로 작품 거래와 협업을 이어갈 수 있기 때문이다.

미술을 좋아하는 마음이 있다면, 아트 어드바이저는 최고의 직업이 될 수 있다. 다만, 그 마음을 유지하려면 끊임없는 호기심, 작품에 대한 열정, 다각도의 리서치 능력, 그리고 편견 없는 마음이 필요하다.

컬렉션은 혼자 견뎌야 하는 외로움도 동반한다

인스타그램을 보면 미술을 사랑하는 사람들끼리 모임이나 갤러리 뒤풀이에서 즐겁게 시간을 보내는 모습을 자주 볼 수 있다. "함께라서 행복해요" 같은 문구와 함께 말이다.

하지만, 미술품을 모으는 과정은 겉으로 보이는 만큼 화려하지만은 않다. 혼자 모든 결정을 내리고 감당해야 하는 외로운 시간들이 대부분이다. 주변 사람들의 추천에 따라 작품을 구매했다가 마음에 들지 않으면, 그 책임과 실망은 고스란히 나에게 돌아온다.

매일 파티 같은 일상을 보내는 것처럼 보이지만, 사실 내면은 외로울 때가 많다. 나에게 맞는 학습을 위해 시간을 들여야 하고, 선택과 결과에 대한 책임을 온전히 혼자 감당해야 한다. 함께 상의할 사람이 마땅치 않은 것도 그 이유다. 각자가 바라보는 미술의 태도와 취향이 다르기 때문에 타인의 충고를 무조건 따를 수도 없고, 그렇다고 완전히 무시할 수도 없는 현실이다.

미술컬렉션, 자산과 취향의 50:50의 균형

내 예산은 제한적이다. 그 안에서 작품을 선택해야 하니, 리서치는 더 치열해진다. 막상 구매할 때는 지식보다는 '갖고 싶다'라는 열망이 더 크게 작용하지만, 그 열망과 예산의 한계가 균형을 이루는 덕에 자산 가치도 함께 고려하게 된다. 작품을 살 때는 절반은 재판매를 염두에 둔 자산으로서 나머지 절반은 시장성이 없어도 나만의 동반자로 생각하며 구매한다. 사고 싶은 작품이 생기면 온종일 그 생각에서 벗어날 수 없다. 차라리 정신건강을 위해 구매하는 것이 낫다고 생각할 정도다.

미술컬렉션에 모임이 필요할까?

미술컬렉션에 있어, 모임이 필요할까? 는 개인적인 선택이다. 나는 미술품 구매 후 따라오는 커뮤니티나 파티에 큰 흥미를 두지 않는다.

대신 마음이 맞는 미술계 친구들과 1:1로 오랜 시간을 보내는 것을 좋아한다. 이런 소소한 대화가 오히려 미술과 함께하는 즐거운 시간이다. 해외 아트페어에서 오랜 시간 만나온 외국인 친구들도 많다. 십 년 넘게 얼굴을 보며 이야기해온 그들은 한국에 있는 지인들보다 더 자주 만나기도 한다. 아직도 나와 그들 모두 미술행사에서 만나는 걸 보니, 미술이 이토록 강력한 중독성을 지닌다는 것은 분명하다.

외로움을 극복하는 방법

혼자 해야 더 잘되는 것이 컬렉션이지만, 한편으로는 외로움을 해소할 방법도 필요하다. 나는 나와 비슷한 미술 취향을 가진 사람을 인스타그램에서 찾아본다. 그들이 어떤 작품을 사고, 어떤 전시를 가는지 보면서 나도 함께 일정을 맞춰보기도 한다. 컬렉션 취향이 맞는 사람과는 인스타 DM으로 이야기를 나누기도 한다. 그렇게 몇몇과는 얼굴도 모른 채 오랜 시간 작가에 대해 대화하기도 한다. 때로는 대형 갤러리에 어떤 작가가 전속된다는 등의 정보를 공유하기도 하는데, 이는 관계자가 아니면 알기 어려운 귀한 정보이기도 하다. 이렇게 우리는 서로에게 힘을 북돋우며 화이팅을 외친다.

컬렉션의 이유는 각자 다르다

컬렉션의 이유와 목표는 사람마다 다르다. 그래서 각자가 가는 길도 다르다. LA의 브로드 미술관(The Broad)에서 설립자 엘리 브로드(Eli Broad)가 남긴 말이 떠오른다. "나는 예술가들의 눈을 통해 세상을 보고 싶었다." 그는 컬렉션을 통해 예술가들이 세상을 바라보는 독특한 시각이 있음을 알고 탐구하고 이해하고 싶어 했다. 나도 미술품 수집을 통해 내가 진정으로 갖고 싶은 시간이 무엇인지 생각해본다.

역지사지를 대입하면, 좋은 작품을
서로 주고 싶은 사랑받는 컬렉터가 될 수 있다

갤러리, 딜러, 경매사에게 사랑받는 컬렉터가 되려면, 그들의 입장에서 한번 생각해보는 것이 좋은 답이 될 수 있다. 그러기 위해서는 각 미술계 플레이어들의 역할을 이해하는 것이 먼저다.

갤러리

갤러리 오너와 갤러리스트는 작가를 발굴해 시장에 가장 먼저 소개하는 역할을 한다. 이들은 작가경력을 함께 책임지기 때문에, 고객만큼이나 작가를 보살피는 일이 매우 중요하다.

작가들이 슬럼프에 빠지지 않도록 돕고, 경제적인 문제로 인해 작업을 작가가 직접 판매하지 않도록 하며, 나쁜 일에 연루되지 않도록 해서 계약기간 동안 작품에 집중할 수 있는 환경을 만든다.

그 과정에서 갤러리는 기획전을 열고, 작가가 대형 전시에 참여할 수 있도록 미술계에 소개한다. 또한, 시장을 형성하기 위해 개인 컬렉터뿐만 아니라 미술관 등 기관에도 작품을 제공해 시장을 안정적으로 만들고, 가격 형성이 안 된 상황에서 갑자기 경매에 나온 작품이 있을 때는 방어 경매를 통해 작가를 보호하는 역할도 한다.

이러한 갤러리의 역할을 이해한다면, 갤러리에서 가장 환영받지 못하는 사람은 작품을 사지 않거나, 할인을 요구하며, 구매 후 재판매만을 염두에 두는 사람이다. 갤러리에게 사랑받는 컬렉터가 되려면, 작품의 가치를 진심으로 존중하며 구매하는 것이 중요하다. 이러한 자세를 가졌다면, 갤러리는 좋은 컬렉터라는 신호를 누구보다도 빨리 알아차려, 좋은 작품을 먼저 제안할 거다.

딜러

딜러는 고객이 원하는 작품을 찾아주고, 가격을 조정하며, 작품 진위를 확인하고, 거래를 완료하는 역할을 한다. 딜러는 시장 상황도 잘 파악하고 있어야 한다. 이에 맞춰 가격을 조정하는 역할을 하기 때문이다. 불황일 때는 가격을 낮추고, 호황일 때는 가격을 높게 책정한다.

진위 감정도 딜러의 중요한 역할이다.

딜러들이 어려움을 겪는 경우는 자신의 소장품이 아주 특별하다며 시장 가격보다 더 높은 가격을 요구하거나, 협상에 응하지 않는 고객을 만났을 때다. 물론 각자의 작품이 특별하다는 자부심은 좋지만, 시장에서 형성되는 가격을 무시해선 안 된다.

반대로 작품을 구매하는 쪽은, 작품 대금을 치르지 않고 먼저 작품을 받고 싶다고 떼를 쓰거나 입금 기일을 어기는 구매자가 가장 난감하다.

아트어드바이저

아트어드바이저는 고객에게 미술시장에서 알지 못하는 매너와 정보를 제공하고, 그들의 안목이 성장할 수 있도록 돕는 역할을 한다. 하지만 이 과정에서, 자신의 고정된 생각이나 지식을 고수하는 고객이 조언을 충분히 받아들이지 못하는 손님을 만나면, 딱히 자문해 드릴 것이 없다.

예를 들어, 작품을 언제 재판매할지 묻는 고객에게 "지금 사고 싶어 하는 사람이 나왔으니, 지금이 좋겠다"고 말씀드려도, 더 오래 보유하면 값이 오를 것이라고 고집하는 경우가 있다. 이 경우, 아무리 시장이 좋아도 내 작품을 원하는 사람이 없다면, 그 순간 작품의 가치는 '제로'가 되거나 제대로 평가되지 않을 수 있다. 경험상 미술품은 구매자와 판매자의 타이밍이 맞아야 제대로 된 가치를 발휘한다.

경매사

경매사는 시장성 있는 작품을 위탁받아 구매자와 연결해주고, 수수료를 통해 수익을 창출하는 회사다. 따라서 좋은 작품을 위탁하고 규정에 맞게 수수료를 지불하는 분이 이상적인 고객이다.

당연히 지켜질 것 같지만, 현실은 다르다. 갤러리와 달리 경매사는 고객의 성향이나 직업을 깊이 알지 못하고, 다수의 고객을 상대하다 보니 작품 관리에서 더 많은 어려움이 발생할 수 있다. 예를 들어, 진품이 아닌 작품을 위탁하거나, 갤러리와의 계약을 어기고 재판매하려는 작품이 문제가 될 수 있다. 또한, 낙찰 후 대금을 지불하지 않거나 연체되는 문제도 발생할 수 있다. 이런 문제를 일으키지 않는 것만으로도 경매사에게 사랑받는 고객이 될 수 있다.

좋은 고객이 되면, 세계전역에서 열리는 경매 프리뷰 초대뿐만 아니라, 특별한 작품을 먼저 소개받고, 위탁 시 수수료 협상에서도 유리한 조건을 얻을 수 있다.

다시 반복하지 않을 후회들과 다짐

작품을 구매하기 시작하면서 후회되는 일들이 몇 가지 있다. 하지만 그 작품들은 이제 그 가격으로 되돌아갈 수 없기에 내 컬렉션에 들어오기는 힘들어진 상황이다.

나와 같은 경험은 컬렉션을 시작하면 누구나 겪게 되는 일이므로, 미리 알아두고 한 번쯤 돌아보며 자신이 잘못된 방향으로 가고 있지 않은지 점검해보시길 바란다.

가격이 비싸다는 이유로 원화를 사지 못하고 있다면

요시토모 나라의 원화, 종이 드로잉이 A4 사이즈라도 2억 원에 달한다. 종이 작업이라는 점과 작은 크기를 생각하면 쉽게 접근할 수 없는 가격이다. 그래서 나는 나라의 작업을 가지지 못하는 대신, 아트토이와 판화 등 소품들을 모으기로 했었다.

하지만 원화를 대신하기 위한 이런 식의 구매 반복은 결국 마음의 허전함을 채우지 못할뿐더러, 경제적으로도 불필요한 지출이 된다. 여러 점의 소품이 원화 한 점을 대신하지 못한다는 것을 뒤늦게 깨달았다. 그러니 여유가 있다면 원화를 사고, 그렇지 않다면 떠난 기차는 떠나보낼 줄도 알아야 한다.

지금의 스타작가도 한 점도 안 팔리던 시절이 있었다는 점을 기억하자

작품 구매를 포기하는 이유 중 하나는 '너무 비싸서'다. 하지만 현재 스타작가에게만 집착하지 않는다면, 컬렉션할 수 있는 작품은 셀 수 없을 만큼 많다.

자신의 취향과 시장성을 적용해 선별하여 구매할 용기가 필요하다. 구매할 여유가 없다는 건 사실은 핑계다. 야요이 쿠사마와 데이비드 호크니도 한 점도 팔리지 않던 시절이 있었고, 그들의 작품이 천만 원 이하였던 적도 분명히 있었다. 그 시절을 겨냥해 내가 작품을 살 수 있는 나를 만들어보자. 몇 년 동안 해보고, 내 선택이 틀렸다면 그

때 멈추면 될 일이다. 미리 걱정하지 말자.

저지르는 힘이 부족했다

예산이 부족할 때 무리해서 작품을 사는 것은 하면 안 될 일이지만, 지나치게 찾아보고 비교하다가 구매를 미루는 일이 많았다. 나는 저지르는 힘이 부족해 좋은 기회를 놓친 경우가 많다. 미술품은 효용이 없다는 말을 자주 한다. 그런데도 "이 돈이면 좋은 명품 코트를 하나 더 사는 게 낫지 않을까?"라고 생각한다면, 아직 그림에 매료되지 않았다는 뜻이다. 이럴 때는 내가 정말 컬렉터가 되고 싶은 것인지, 왜 되고 싶은지 스스로 물어보는 시간이 필요하다. 진정으로 시작하고 싶다면, 한 번쯤은 과감한 결단을 내려보는 것도 좋다. 나는 몇 년 동안 그러지 못해 컬렉션의 시작이 늦어졌다.

어느 시점이 되면, 자기를 믿자

어떤 작품을 보면, 어떤 사람이 떠오르는 경우가 있다. 내게 그 작품이 잘 될 것 같다며 꼭 사라고 했던 지인의 얼굴과 그때의 목소리가 떠오른다. 왜 내 컬렉션인데 다른 사람의 말을 듣고 의사결정을 했는지 후회스럽다. 잘되면 내 탓, 안 되면 남 탓이라는 생각은 나 역시 피할 수 없었다.

처음 시작할 때 자신의 안목을 믿는 것은 위험할 수 있지만, 어느 정도 안목이 생겼다고 느껴질 때쯤에는 내 선택에 대한 책임을 내가 질 수 있어야 한다. 모두가 좋다고 하는 작품은 이미 가격이 너무 높거나 구할 수 없는 경우가 많다. 반대로, 누군가 나쁘다고 평가하는 시점에서 그 작품은 시간이 지나면서 더 큰 잠재력을 가질 수 있다. 이렇게 생각의 전환을 해보자. 모두가 좋다고 하는 작품을 내가 막 컬렉션에 입문한 단계에서 사고 있다면, 그 시점이 오히려 다시 생각해볼 때다.

내 컬렉션의 포트폴리오 기준은

컬렉션에도 포트폴리오가 필요하다. 단순히 돈이 될 것과 그렇지 않을 것을 나누는 것이 아니라, 각자의 기준에 따라 갖고 있을 것과 정리할 것을 정하는 것이다. 이 작품을 판매한 후 무엇을 하고 싶은지, 다른 작품을 살 것인지, 아니면 더 큰 목표를 위해 자금을 마련할 것인지 생각해보자.

내 포트폴리오의 기준은 '마음에 오래 두고 간직하고 싶은 것'과 '이제는 없어도 괜찮을 것'으로 나뉜다. 나의 경우 애정을 가지고 수집한 작품을 다른 사람에게 넘기는 일은 정신적으로 매우 힘든 일이었기 때문에 이 기준을 만들었다.

　포트폴리오 기준에 정답은 없다. 나 자신만이 내 컬렉션의 방향을 알 수 있으니, 자신에게 맞는 기준을 만들고 그에 따라 움직이자. 이 기준은 남들에게 말할 필요 없이 나와 솔직한 대화를 통해 자주 수정될 수도 있다. 변화하는 것은 문제가 되지 않는다.

전문가라는 착각의 늪에 빠져

　마지막으로 자신이 전문가라는 늪에 빠져 새로운 것을 받아들이지 못하고, 닫혀 있어서는 안 된다. 영화 베스트 오퍼(The Best Offer, 2013)를 보면 경매사이자 감정 스페셜리스트가 나온다. 지금까지 경험상 자기가 맞는다고 생각하는 것은 안전하다고 생각하고, 안목과 식견에서 남은 절대 믿지 않는 완벽주의자 경매사다. 하지만 이 경매사는 평생 모은 작품을 모두 도난당하는 경험을 한다. 영화에서나 있는 일이라고 생각하겠지만, 현실은 영화보다 더 영화 같은 일이 더 많다.

　그러니 전문가의 실수는 가장 전문가라고 생각하는 순간 일어난다는 점을 잊지 말고, 미술을 처음 시작하는 분, 다른 분야에서 일하시는 분들과 미술에 대해 대화하고, 귀를 열자.

VI.

컬렉터의 도시 탐험기, 뉴욕부터 동남아까지

미술시장을 가만히 들여다보면

'나도 그릴 수 있겠다.'라는 내가 가장 자주 듣는 말이면서, 동시에 가장 부담스러운 말이기도 하다. 이는 겉모습만 보고 작품을 판단하고 있다는 자기 고백이기도 하다. 보기 좋은 그림이나 테크닉이 뛰어난 그림이 반드시 좋은 작품을 의미하지 않는다는 건 이미 우리가 알고 있으면서도 말이다.

'그럼, 미술품을 구매할 때 어떤 기준을 가져야 한단 말인가?' 답답해하실 분들이 있을 것 같아, 이 판단의 기준이 될 미술시장을 가만히 들여다보는 방법을 알려 드리려 한다.

전략적으로 만든 기준점 안으로 들어와라

지금의 갤러리, 아트페어, 경매 등 미술시장의 모습은 생각보다 그 역사가 길지 않다. 본격적으로 시장이 형성된 것은 1차 세계대전 이후부터였고, 그 중심에는 미국이 있었다. 현대미술관이 본격적으로 만들어진 것도 이 시기다. 현대미술의 규모와 성장이 미국의 야심 찬 경제전략의 하나였다고 해도 과언이 아니다. 세계 1위 국가가 되기 위해서는 문화 선진국으로서의 리더십이 필수적이었기 때문이다.

그 결과, 미국은 유럽으로부터 문화적 패권을 가져오기 위해 1929년 뉴욕현대미술관(MoMA)을 설립했다. 이 미술관의 소장품은 오늘날까지도 현대 및 동시대 미술의 기준점 역할을 하고 있다.

우리는 현대미술의 정의, 작품성, 트렌드 등이 이 기준 안에 있어야만 시장에서 승부를 볼 수 있는 시대에 살고 있다. 이 상황을 불평한다고 바뀌는 것은 없다.

혹시라도 중국이 마음을 먹고 문화 패권을 가져오겠다고 세계 최대 규모의 동시대 미술관을 짓고 엄청난 예산으로 소장품을 사들인다면, 지금의 상황이 달라질 수도 있다.

그래서 미술시장에 대해 질문받았을 때, "미술시장은 단 하나다. 바로 뉴욕."이라고 말하는 이유가 여기에 있다. 가장 중심인 뉴욕 미술시장의 움직임을 보면, 다른 시장들은 그 흐름을 서서히 따라가고 있음을 알 수 있기 때문이다. 즉, 세계 미술시장을 움직이는 것은 미국 시장이고, 그 중심은 뉴욕이며, 뉴욕에서는 4개의 주요 갤러리와 2개의 경매사가 시장을 좌우한다는 것이다.

뉴욕의 4개의 갤러리와 2개의 경매사

뉴욕에서 동시대 미술시장에 막대한 영향을 미치는 네 개의 갤러리는 가고시안, 데이비드 즈워너, 페이스, 하우저&워스 갤러리다. 이들 갤러리의 강력한 영향력은 단순히 자본력이나 안목에서 그치지 않는다. 이들은 작가 발굴 능력, 자금력, 전시 기획력, 그리고 미술계 내 영향력 있는 인물들과의 네트워크 능력까지 모든 측면에서 균형을 갖춘 '메가 갤러리'로, 그 규모와 영향력은 대형이라는 단어를 넘어선다.

이 갤러리에 소속된 작가들 또한 동시대 미술을 대표하는 거장들이다. 게르하르트 리히터, 데이비드 호크니, 루이스 부르주아, 마크 로스코, 알렉산더 칼더, 피터 도이그, 야요이 쿠사마와 같은 거대한 이름들이 이들의 작가 명단에 속해 있다. 이들의 작품을 구매하는 이들 역시 세계적인 거물들이며, 이 갤러리들은 작가와 컬렉터를 연결하는 역할을 넘어, 미술계 전반에 걸친 강력한 네트워크를 구축하고 있다. 또한, 미술관과 각종 기관과의 긴밀한 관계망을 통해 이들이 만들어낸 영향력은 쉽게 깨어지기 어렵다.

이 갤러리들이 설정한 높은 수준의 작품 기준, 현재의 미술 트렌드, 그리고 시장의 규칙을 바꾸는 것은 거의 불가능에 가깝다. 결국, 이들이 만들어 놓은 기준에 들어올 수 있는지가 시장성의 유무를 결정짓는 중요한 요소가 된다. 그 기준 안에 들어오지 않으면서 자산적 가치를 지닌 미술품을 구매하고 싶다고 말하는 것은 아이러니할 수밖에 없다.

한편, 경매사의 양대산맥인 소더비와 크리스티는 이러한 갤러리에서 작품을 산 컬렉터들의 작품을 다시 뉴욕 가을 경매 시즌에 내놓으며, 세계 최고 매출을 기록한다. 이로 인해 미술시장은 계속해서 순환하고, 시장은 돌아간다.

그럼, 우리가 할 수 있는 일은 무엇일까?

시장을 가만히 살펴보고 구매하고 싶은 작품이 있다고 해서 곧바로 저 4개의 갤러리와 2개의 경매사에서 살 수 있는 건 아니다. 그곳은 이미 최고가로 형성된 작품들을 판매하는 곳이고, 처음부터 이곳의 고객이 될 수는 없기 때문이다.

그래서 우리가 해야 할 일은 이제부터 시작된다. 기준점을 알았고, 그 안으로 시야가 들어왔다는 것이 전제조건이다.

먼저, 4개 갤러리로 작가가 전속되거나 기획전시에 참여하는 작가들을 살펴보고, 이 작가들을 먼저 발굴한 중간급 갤러리가 어디인지 알아내는 것이 중요하다. 그리고 그 갤러리의 안목을 잘 따라가 보자. 이들 중간 갤러리 역시 이머징 신생 갤러리들의 안목을 빌려 신진 작가를 찾았을 것이다.

중간급 갤러리에서 가고시안, 데이비드 즈워너, 페이스, 하우저&워스가 기준점으로 삼을 만한 작가를 발견했다면, 바로 구매를 결정하는 것이 좋다. 그보다 더 부지런히 움직여 이머징 갤러리에서 작가를 찾아냈다면, 경쟁자 없이 예산 걱정 없이 작품을 구매할 기회가 온다.

이 과정은 사실 매우 어렵다. 하지만 이 방법을 행동으로 옮길 수 있다면, 미술시장에서 적은 예산으로도 오랜 시간 버티는 힘과 자본을 축적할 수 있는 최선의 방법이 될 것이다.

5월의 뉴욕

프리즈 뉴욕이 열리는 5월에 맞춰 뉴욕을 찾았다. 구겐하임 뮤지엄을 시작으로 센트럴 파크를 지나 어퍼 이스트 사이드에 있는 갤러리들을 돌며 하루를 보내니, 마치 섹스 앤 더 시티 속 캐리가 된 기분이다. 이동하는 곳마다 갤러리스트, 경매사 직원, 그리고 프라다 라피아 토트백을 들고 룰루레몬 레깅스를 입고 분주히 움직이는 사람들이 눈에 띈다. 내가 상상하던 뉴욕의 모습이 하루 종일 펼쳐지고 있다.

뉴욕에서 열리는 아트페어는 그리 분주한 분위기는 아니다. 워낙 강력한 갤러리들이 시장을 형성하고 있고, 고객들 역시 평소에 작품을 구매하는 편이라, 며칠 동안 열리는 페어에서 전투적으로 구매할 필요가 적기 때문이다. 그래서인지 프리즈 뉴욕에서도 갤러리 부스는 솔로 전시가 많고, 담당 판매 직원이 자리에 없는 경우도 많다. 이는 솔로 부스가 판매보다는 작가 홍보에 중점을 두기 때문이다.

구겐하임을 시작으로 센트럴파크를 지나 어퍼 이스트 사이드 갤러리로 프리즈 뉴욕에서 구매한 작품을 확인하고 담당자와 간단히 인사를 나누는 일정으로 아트페어 일정은 마무리하고, 곧바로 구겐하임 미술관으로 향했다.

오늘 코스는 솔로몬 R. 구겐하임을 시작으로, 도보로 센트럴 파크를 지나 어퍼 이스트 사이드에 위치한 갤러리들을 둘러보는 것이다. 어퍼 이스트 사이드는 가장 영향력 있는 갤러리들이 모여 있는 지역으로, 데이비드 즈워너, 가고시안, 아쿠아벨라, LGDR, 스카르스테드 등이 있다. 이들은 미술계에서 가장 비싼 작품들을 거래하는 갤러리들이다.

그중 스카르스테드(Skarstedt)와 아쿠아벨라(Acquavella)는 작품 거래에 집중하는 딜러 성향이 강한 갤러리로, 유럽 근대미술과 미국 60~80년대의 중요한 작품들을 다수 소장하고 거래한다. 방문 당시 스카르스테드는 미술관에서도 보기 힘든 프란시스 베이컨의 삼면화를 판매 중이었는데, 갤러리 안에 걸린 작품들만 해도 수천억 원은 될 것으로 보였다. 그때 방문한 또 다른 사람은 크리스티 경매사 직원이었고, 이들이 주로 고가의 작품을 다루는 것을 보고, 경매사도 중요한 구매자임을 깨달았다.

아쿠아벨라는 젊은 작가들의 그룹전을 진행하고 있었지만, 재판매가 중심인 갤러리인 만큼, 발굴한 작가들의 작품은 조금 다른 느낌이었다. 작품의 신선함보다는 판매하기 좋은 크기의 페인팅이 주를 이루며, 세련되고 정돈된 모습이었다. '모든 갤러리가 신진 작가를 발굴하고 판매할 수 있는 건 아니구나'라는 점을 알게 되었고, 갤러리의 주된 역할에 따라 안목의 차이가 크게 나타난다는 것을 느꼈다. 시장 잠재력이 있는 신진 작가의 작품을 원할 때는, 작가 발굴을 많이 하는 갤러리에서 구매하는 것이 맞다는 생각이 들었다. 이제 원하는 작품에 따라 갤러리 접근법을 조금 더 이해하게 됐다.

뉴욕은 런던, 파리, 서울, 홍콩, 도쿄 등 다른 세계 미술시장보다 더 활기차고 빠르게 움직인다. 미술에 대한 취향과 태도 역시 훨씬 속도감이 있다. '마음에 든다, 안 든다'라는 의사 표현도 정확하며, 구매 결정도 빠르고 명확하다. 뉴욕 갤러리에서 작품을 제안받을 때, 나에게 주어진 시간은 늘 1~2시간 정도였던 것 같다.

변화를 즐기고 정확한 것을 좋아하는 성격이라면, 뉴욕 시장에 잘 맞는 컬렉터가 될 것이다. 작품을 사고파는 것에 대해서도 거리낌 없이 시원시원하게 이야기하는 분위기가 인상적이었다.

5월의 뉴욕, 아직은 젊은 나이라서 그 활기가 좋았지만, 나이가 들어 지긋한 컬렉터가 된다면, 그때는 파리로 작품을 사러 가야 할 것 같다.

• 프리즈 뉴욕, 더 쉐드 The Shed: 545 West 30th Street, New York, NY 10001

- 구겐하임 Solomon R. Guggenheim Museum: 1071 5th Avenue, New York, NY 10128

- 데이비드 즈워너 David Zwirner: 34 East 69th Street, New York, NY 10021

- 가고시안 Gagosian: 980 Madison Avenue, New York, NY 10075

- 아쿠아벨라 Acquavella: 18 East 79th Street, New York

- LGDR: 909 Madison Avenue, New York, NY 10021

- 스카르스테드 Skarstedt: 20 East 79th Street, New York

떠오르는 동남아시아 시장은 지금 어디쯤 와있나

동남아시아는 떠오르는 미술시장으로 미술계의 관심을 받고 있다. 인도네시아 자카르타와 태국 방콕이 그 관심의 중심에 있으며, 싱가포르는 이미 시장으로서는 성숙기에 접어든 상태다. 내가 아는 태국 미술이란 죽은 사람을 떠나보내던 노래와 영상을 담은 고라킷 아루난온차이(Korakrit Arunanondchai)작가뿐인데, 이번 기회에 태국 시장을 한번 살펴봐야겠다.

라부부 열풍

2024년 8월 한 달간 방콕에 가보니, 나이에 상관없이 많은 사람들이 가방에 저마다 라부부(Labubu) 인형을 달고 있었다. 택시 운전사의 좌석 앞이나 배달기사 오토바이 열쇠에도 라부부 인형이 걸려 있는 걸 보니, 방콕은 라부부 열풍 그 자체였다. 라부부가 카싱렁(Kasing Lung)작가의 작품 속 캐릭터인지는 중요하지 않아 보인다. 방콕의 미술 잠재시장은 순수미술보다는 한정판 피규어에 가치를 두는 시장으로 느껴졌다.

'이것이 미술이냐 아니냐는 중요하지 않다. 누가 희소한 유행템을 가졌는가가 중요한 거다!' 가 내가 본 방콕의 미술시장 첫인상이었다.

카싱렁은 나 역시 좋아하는 작가다. 홍콩, 대만에서 '토이 왕자'로 불리기 시작한 2020년에 그의 작품을 처음 접했고, 그 뒤로 카싱렁이 디자인한 토이를 모으기 시작했다. 팝마트(Popmart)에서 비교적 저렴하게 구할 수 있지만, 순식간에 완판되는 탓에 소장하기는 쉽지 않다. 마침 태국 뉴스를 보니, 라부부 가품 제작과 유통 업체를 잡겠다는 기사가 떴다. 그만큼 라부부 열풍이 대단하다.

왜 이렇게까지 열광적일까 하고 보니, 블랙핑크 리사가 라부부 캐릭터를 SNS계정에 올린 사진이 방콕의 아트토이 열풍에 불을 붙인 것이었다. 에르메스나 샤넬 같은 고가의 가방에 큼지막한 라부부 피규어를 몇 개씩 달고 다니는 모습이 처음엔 생경하게 느껴졌지만, 이제는 이해가 간다. '명품과 한정판 피규어는 부와 트렌드를 아는 사

람들만이 소유할 수 있는, 방콕에서 가장 잘나가는 패션이었다는 것을!'

방콕에서 느낀 건, 아직 태국의 미술시장이 아트토이 중심에 있으며, 미술이 현지의 문화와 긴밀히 연결되어 있다는 점이다.

방콕의 갤러리 빌딩, 리버시티

방콕에 갤러리들이 밀집해 있다는 리버시티(River City Bangkok)를 방문했다. 리버시티는 만다린 오리엔탈, 포시즌스, 카펠라 등 고급 호텔들이 자리한 차오프라야 강변에 위치해 있다. 이곳에는 최근 젊은 작가들을 중심으로 한 국제적인 갤러리로 떠오르는 탕 컨템포러리(Tang Contemporary Art)가 눈에 띄었다.

이 빌딩의 분위기는 내가 그동안 가본 갤러리들과 다소 달랐다. 1층에는 아트샵과 레스토랑이 자리하고, 2층에는 다양한 갤러리 전시가, 3층에는 아트토이 매장과 카페, 4층에는 경매사가 있는 장르 불문, 미술시장 복합미술 건물이다. 안정감보다는 모든 장르가 복합적으로 섞여 있어 역동적이고 활기찬 느낌을 준다. 젊은 친구들이 전시를 관람하고, 아트토이를 구매하거나 사진 촬영을 하면서 리버시티가 더욱 생동감 있게 느껴졌다.

2층의 탕 컨템포러리에서는 여름을 주제로 한 중국 작가들의 그룹전이 진행 중이다. 방콕에서 유일한 국제 갤러리로, 탕이라는 이름이 중국의 당나라를 의미해서 중국에서 출범한 갤러리인 줄 알았지만, 1997년에 방콕에 중국인이 설립한 갤러리였다. 설립자는 동남아시아 미술시장이 태국과 베트남이 주도하는 북부 지역과 싱가포르가 주도하는 남부 시장으로 이분화된 구조를 가졌다고 언급하며, 이 두 축을 잇는 동남아시아 갤러리를 만들겠다는 포부를 밝혔다. 중국인이 방콕에 이 갤러리를 연 이유가 이제야 이해가 된다.

아트토이가 미술시장의 중심이면 어떠랴

3층으로 올라가 보니 아트토이 갤러리와 스페셜티 커피, LP매장이 자리해 있다. 카페는 수준 높은 스페셜티 커피를 제공하고 있었고, 젊은 친구들은 사진 찍기에 여념이 없었다. 그들이 찍는 건 커피가 아니라, 오히려 커피집 주인의 감각과 취향이었다. 카페 전체가 한 개의 캐릭터로 장식되어 있다. 붕어빵을 뒤집어쓴 판다다.

나도 방콕에서 여러 새로운 아트토이를 접하게 되었는데, 그중 '피쉬 번 팬더 팬팬'이라는 판다가 붕어빵을 뒤집어쓴 캐릭터가 유독 구매 욕구를 자극했다. 찾아보니, 2018년에 설립된 한정판 피규어 회사인 플래닛 베어의 작품이었다. '미술품이 아닌 아트토이면 어떠랴, 갖고 싶은 오브제이고 나를 생기있게 만들어줄 것이라면 충분하지 않은가.'라는 생각이 들었다.

방콕이 순수미술에서는 모르겠지만, 아트토이 시장에서만큼은 상당한 경쟁력을 갖춘 것으로 보인다. 자체 제작된 다양한 캐릭터들이 자리하고, 사람들이 이를 즐겁게 구매하며 가격 또한 안정적으로 형성되어 있기 때문이다.

카페 옆으로는 카우스, 타카시 무라카미, 요시토모 나라의 아트토이들이 전시된 매장이 있었다. 나도 한때 모았던 캐릭터들이라 왠지 친근했다. 유행이 지나 요시토모 나라의 작품을 제외하고는 더 이상 수집하지 않고 있지만, 내가 소장한 작품들이 눈에 들어오자 뿌듯함이 느껴졌다. 가격을 물어보니 재판매 가격이 상당히 높았다.

나도 여러 점 갖고있는 요시토모 나라의 강아지 피규어의 판매가격이 궁금해서 물어보니, 한 점만 남아 팔 수 없다고 한다. 내 수집 시기와 비교해 보면, 태국의 아트토이 시장은 약 7~8년 정도 시차가 있는 듯하다.

대중문화와 패션, 그리고 미술이 조화롭게 움직이는 방콕의 미술시장은 내게 긍정적인 시그널로 다가왔다. 이곳의 미술시장은 다른 곳에서 이미 만들어 놓은 답안지에 의존하지 않고, 독자적으로 자신만의 단계에 맞춰 스텝을 밟아가는 느낌이다. 우리가 정의해 둔 미술의 정석에서 벗어났지만, 그저 즐기고 수집하며 나를 행복하게 해줄 수 있다면 그것으로 충분하지 않을까 싶다.

태국과 베트남의 북부 동남아시아 시장이 인도네시아, 필리핀, 싱가포르가 주도하는 남부 동남아시아 시장과 합쳐지는 때가 오면, 동남아시아 미술시장은 세계 미술시장의 중요한 축을 이룰 만큼 커질 것이라 예상된다.

한편, 중국은 동시대 미술시장에서 국제 교류가 다소 부족한 편인 반면, 동남아시아는 방콕 아트 비엔날레, 방콕 쿤스트할레, 자카르타 비엔날레 등 동시대 미술을 중심으로 한 국제 전시가 활발히 진행되고 있다. 이러한 개방적이고 활발한 교류 덕분에 동남아시아 미술시장은 향후 동시대 미술 분야에서 중국보다 더 큰 경쟁력을 가질 것으로 보인다.

- 리버시티 방콕 River City Bangkok
  : 23 Soi Charoen Krung 24, Khwaeng Talat Noi, Khet Samphanthawong, Krung Thep Maha Nakhon 10100

늘 그리웠던 런던, 13년 만에 미술 출장

런던은 언제나 그리운 도시다. 하지만 졸업 후로 오랫동안 돌아가고 싶지 않았던 곳이기도 했다. 학교 진도 따라가느라 힘들고, 겨울마다 런던의 습한 추위가 뼛속까지 스며드는 느낌이 생생했기 때문이다. 시간이 흘러 10여 년 만에 다시 찾은 런던은 전혀 다른 모습이었다. 그리고 어느새 나는 런던 미술시장을 분석하고 있었다. 나도, 런던도 많이 변했다.

2000년대 중후반, 런던 미술시장은 데미안 허스트와 YBA 열풍으로 뉴욕을 능가할 정도로 강력했다. 하지만 화려한 시절이 지나고, 지금은 왠지 큰 겉옷만 걸친 듯 속은 차가운 느낌이다. 우리는 더는 런던의 충격적인 미술에 열광하지 않는다. 유럽시장에서 브렉시트 이후 영국에만 적용되는 관부과세의 복잡함, 운송과 통관절차의 불편함도 있지만, 무엇보다 파리와 바젤이 더 매력적인 구매처로 느껴지는 것도 이유일 것이다.

그럼에도 런던은 여전히 볼거리가 많은 도시다. 매년 10월 둘째 주면 프리즈 아트페어를 중심으로 미술 주간이 펼쳐진다. 도착하자마자 나와 일행은 14개의 전시를 다녀왔다. 하루 동안 이만큼의 전시보기가 가능한 이유는 런던도 특정 지역에 갤러리와 미술관, 경매사가 모여 있기 때문이다. 동선을 최소화하기 위해 다음의 네 구역으로 나누어 이동하는 코스를 추천한다.

그래도 늘 볼 것이 많은 런던의 미술 지구

출발은 메이페어에서 하자. 데이비드 즈워너, 하우저&워스, 가고시안, 페이스같은 메가 갤러리들이 모여 있는 이곳은 작품과 시장 트렌드를 가장 잘 반영한 전시를 볼 수 있다.

이곳의 전시가 공격적으로 판매 가능한 작품들이라면 시장이 좋다는 신호고, 반대로 판화, 드로잉 등 작품 가격이 낮은 작품들이나 미술관에 온 듯한 실험적인 전시 느낌이 강하다면 시장이 그리 좋지 않다는 뜻이다.

2023년 10월 런던의 전시는 판매보다는 전시 자체에 더 중점을 둔 모습이었다. 시장이 활발하지 않다는 신호다.

① 메이페어 Mayfair

: David Zwirner Gallery → Hauser & Wirth → Gagosian → Pace Gallery

② 뉴본드스트릿과 본드스트릿 New Bond Street & Bond Street

: Sotheby's → Phillips Auction

③ 그린파크 Green Park

: Royal Academy of Arts → White Cube → Christie's

④ 쇼디치 Shoreditch

: Victoria Miro Gallery

⑤ 그 외

: 뱅크 사이드 지역에 테이트모던, 하이드파크 지역에 셀펀타인 갤러리

메이페어에서 걸어 나와 뉴본드스트릿으로 이동하면 소더비 경매사가 나온다. 소더비는 전 세계 80여 개의 사무소가 있지만, 실제 경매장이 있는 도시는 런던을 포함해 뉴욕, 파리, 홍콩, 싱가포르, 제네

바, 취리히, 쾰른, 밀라노 등 10곳 정도에 불과하다. 특히 10월에 런던은 가장 큰 경매가 열리는 시기다. 이때 경매 프리뷰(경매출품작 전시)도 보고, 시간이 된다면 경매 현장에 참석해 보는 것도 좋은 경험이 될 것이다. 런던에서는 미국보다 드레스코드가 약간 요구되는 편이니, 편한 신발과 깔끔한 복장을 챙겨가자.

소더비를 지나면 필립스 경매사가 있는데, 이곳은 상대적으로 더 젊고 동시대적인 작품들이 많이 출품된다. 소더비가 더 값비싼 고전적 작품을 많이 경매에 부치지만, 필립스는 트렌디한 젊은 작가의 작품을 찾기엔 훨씬 좋은 곳이다.

내가 작가가 되고 싶다면, 가장 가고 싶은 학교, 영국 왕립미술원

영국 왕립미술원은 내가 작가가 되고 싶다면 가장 가고 싶은 학교다. 영국의 미술 진흥을 위해 18세기에 세워진 이곳은 영국 정통 페인팅의 맥을 잇는 고전적이고 보수적인 곳이다. 하지만 전시작가 선정이나 작품 설치 등의 기획을 보면 가장 실험적이고 개방적인 곳 중 하나다.

왕립미술원은 학업 공간이지만 전시공간으로 더 유명하다. 이번엔 파격적인 자전적 퍼포먼스의 대모인 마리나 아브라모비치가 전시작가로 선정됐다. 영국 페인팅을 대표하는 데이비드 호크니, 인도의 정신을 색과 질감으로 표현하는 아니쉬 카푸어, 미술계의 지성 안토니 곰리 등이 이곳을 거쳐 갔다. 전시 외 내가 이곳에서 꼭 들르는 곳은 바(bar)인데, 쉬어가며 술 한잔을 즐길 수 있는 곳으로 전시 포스터가 전 벽면에 걸려 있다. 나도 집안 한편에 포스터 바를 차리고 싶다는 생각에 이곳에서만 파는 데이비드 호크니, 알렉산더 칼더, 안토니 곰리 등의 전시 포스터를 구매해왔다.

가장 런던스러운 갤러리 화이트큐브를 지나 경매의 고전 크리스티까지

영국 왕립미술원을 나와 길을 건너면 화이트큐브가 있다. 90년대 파격과 신선함을 대변했던 영국미술의 본부 같은 갤러리다.

화이트큐브를 지나 조금 더 골목으로 걸어가면 크리스티가 나온다.

크리스티는 가장 고전적인 미술품 경매사로, 유명 컬렉터이고 세계 명품의 양대산맥으로도 불리는 프랑수아 피노가 소유한 경매사다. 피노의 성향 때문인지 크리스티는 소더비처럼 부동산, 자동차 등 공격적으로 사업 영역을 확장하지 않고, 고가 미술품과 수집 가능한 골동품, 보석, 고서 등의 경매와 프라이빗 세일을 중심으로 한, 가장 전형적인 미술품 경매사의 명맥을 이어오고 있다.

 여기까지는 도보로 이동 가능한 코스다. 이후에는 컨디션에 따라 쇼디치 지역으로 넘어가도 된다. 메이페어와 그린파크 일대가 전통적이고 영국다운 분위기라면, 쇼디치는 실험적이고 날것의 에너지가 가득한 지역이다. 마치 서울의 성수동 같은 분위기로, 갤러리와 거리 예술이 어우러진다.

힙한 쇼디치지역에 빅토리아 미로 갤러리

 런던의 동쪽에 있는 쇼디치 지역에는 빅토리아 미로 갤러리가 있다. 이곳에서 야요이 쿠사마 전시를 할 때는 갤러리 골목 끝까지 사람들이 줄을 서기도 한다. 이곳은 유럽 지역에서 쿠사마를 담당하는 갤러리다. 쿠사마는 아시아에서는 도쿄에 오타 파인아트(Ota Fine Arts)가, 미국에서는 데이비드 즈워너가 유럽에서는 런던에 빅토리아 미로가 홍보 판매한다.
 쿠사마는 아시아 컬렉터들이 가장 구매하고 싶어 하는 작가로 갤러리에서 작품 제안받기조차 쉽지 않다. 이렇게 야요이 쿠사마를 아시아, 북남미, 유럽 지역으로 나눠서 세 개의 갤러리가 전담하고 있는데, 만약 아시아지역을 기반으로 활동하는 컬렉터라면 작품 구매 시에 오타 파인아트에 연락해야 작품 받을 가능성이 그나마 있다.

쇼디치의 갤러리들은 특히 더 간판이 없거나, 입구에 벨을 눌러야 열리는 곳이 많다. 빅토리아 미로도 작아 보이는 입구와 달리 내부는 넓고, 여러 층의 전시공간을 갖추고 있다. 이 숨은 매력이 가득한 갤러리는 전시장 뒷문을 열면, 뒷마당에 작품과 연못이 있다. 엘리베이터도 열쇠를 꽂아야 이동할 수 있는 소장품 전시 층도 있으니 직원의 안내를 받아 모든 전시공간을 둘러 보길 바란다.

이렇게 런던 미술을 위한 일정은 체력만 따라준다면 3일 안에 충분히 소화할 수 있다.

• 데이비드 즈워너 David Zwirner: 24 Grafton Street, Mayfair, London W1S 4EZ
• 하우저&워스 Hauser & Wirth: 23 Savile Row, London W1S 2ET
• 페이스 Pace: 5 Hanover Square, London W1S 1HQ
• 소더비 Sotheby's: 34-35 New Bond Street, London W1A 2AA
• 필립스 옥션 Phillips Auction: 30 Berkeley Square, London W1J 6EX

• 영국 왕립미술원 Royal Academy of Arts: Burlington House, Piccadilly, London W1J 0BD

• 화이트큐브 White Cube: 25-26 Mason's Yard, London SW1Y 6BU

• 크리스티 Christie's: 8 King Street, St. James's, London SW1Y 6QT

• 빅토리아미로 Victoria Miro : 16 Wharf Road, London N1 7RW

• 테이트모던 Tate Modern: Bankside, London SE1 9TG

• 셀펀타인 갤러리 Serpentine Gallery: Kensington Gardens, London W2 3XA

부러우면 지는 거라고 해도, 그들이 부럽다

제프리 다이치(Jeffrey Deitch)

시티은행 아트 어드바이저 출신으로 잘 알려진 제프리 다이치는 1950년생임에도 불구하고 여전히 미술계에서 활발히 활동하고 있다. 아트바젤 마이애미비치를 갈 때면 어김없이 그를 만날 수 있다. 그의 변화무쌍한 행보를 볼 때마다 그 에너지의 원천이 무엇인지 궁금해질 정도다.

제프리는 하버드 MBA 출신으로, 갤러리들과 파트너십을 통해 자신만의 갤러리를 운영하며 다른 딜러나 갤러리스트와는 차별화된 길을 걸어왔다. 특히, 갤러리가 원하는 이상형의 외모가 아녀서 미술계 경력을 시작하기는 쉽지 않았다고 한다. 뉴욕 레오 카스텔리 갤러리에서 주인이 출장 간 사이 리셉션의 빈자리에서 일주일간 일하고 있을 때, 주인이 돌아와 그를 임시 고용한 직원에게 화를 냈던 일화는 유명하다.

하지만 그의 진정한 경쟁력은 '하고자 하는 건 반드시 이루고야 마는 기질'과 '미술에 대한 무한한 사랑'에 있다. 이후 그는 LA와 뉴욕에 갤러리를 열었고, 다이치가 선택한 작가들은 미술계에 새로운 시각을 불러일으켰다. 그는 "갤러리들의 숨은 어드바이저"로 불리며 대형 갤러리가 색다른 작가를 영입하는 데 기여했다.

7년 전에 오스틴 리(Austin Lee) 작가를 처음 발견하고 구매 확신을 가질 수 있었던 것도 2015년 제프리 다이치의 개인전 덕분이었다. 당시 가상현실과 스프레이 기법의 페인팅을 결합한 오스틴 리의 작품은 신선하면서도 "이게 과연 순수미술일까?"라는 의문을 불러일으켰다. 그래도 '제프리의 안목이라면 믿어야지'라고 생각했다. 그의 괴짜 같은 성격이 작가 선택과 안목에도 잘 드러난다고 본다.

제프리 다이치 갤러리 홈페이지(deitch.com)에 한 번 방문해 보시길 바란다. 보자마자 다른 갤러리와는 확연히 다른 시각이 느껴질 것이다. 내가 느끼기에 제프리 다이치는 아트어드바이저, 큐레이터, 평론가, 미술관 이사, 갤러리스트로서 하고 싶은 것을 원 없이 하는 사람이다.

앤디워홀 작품을 가장 많이 소장한 사람

섬유 사업으로 1980년대 부를 축적한 이스라엘 출신 무그라비 (Mugrabi) 가족은 앤디 워홀 작품을 적극적으로 사들이기 시작했다. 이들이 미술품을 '컬렉션'이라기보다 '사들였다'라고 표현하는 이유는, 단순히 미술을 감상하기 위한 것이 아니라 자산 목적에서 천 점 이상의 워홀 작품을 구매했기 때문이다. 무그라비 가족은 미술계에 막대한 영향력을 행사하고 있지만, 경매에서 소더비나 크리스티를 통해 작품 가격을 의도적으로 올리며 미술시장을 교란한다는 비판을 받기도 한다. 올바른 컬렉터의 모습은 아니지만, 80년대 워홀 작품을 이렇게 많이 보유하고 있다는 점에서 부러운 컬렉터 가문임은 틀림없다.

반면, 피터 브랜트는 1960년대부터 앤디 워홀과 친구로 지내며 워홀의 초기작부터 수집해 온 컬렉터다. 부동산과 제지 사업으로 부를 축적한 그는 이후 아트 인 아메리카 등 미디어 사업에서도 성공을 거두었다. 이렇게 축적한 자산으로 앤디 워홀을 포함한 현대미술 작품을 수집했으며, 이후 브랜트 재단을 설립해 자신의 컬렉션을 대중에게 공개하고 있다. 또한, 앤디 워홀의 작품이 필요한 전시에 작품을 대여해주며 워홀의 예술을 널리 알리는 데 힘쓰고 있다.

두 사람의 행보는 전혀 다르지만, 앤디 워홀 작품을 대량 보유한 컬렉터라는 점에서 부러운 이들이다. 앤디 워홀은 전략적으로도 무너지지 않을 철옹성 같은 작가이기 때문이다.

하우저&워스 부부

하우저 & 워스가 운영하는 영국에 하우저 & 워스 서머싯은 새로운 라이프스타일을 제시하는 공간이다. 이곳은 단순히 작품을 판매하는 갤러리의 역할을 넘어, 미술과 함께하는 웰빙의 정석을 보여준다. 초대되어 직접 가본 적은 없지만, 인스타그램을 통해 엿볼 때마다 루이스 부르주아, 알렉산더 칼더, 헨리 무어의 조각이 놓인 유기농 농장에서 재료로 갤러리 손님들에게 음식을 대접하는 모습이 인상적이다. 이런 장면을 보고 있으면 당장이라도 하우저&워스의 VIP 손님이 되고 싶어진다. 이렇게 특별한 공간을 손님들에게 제공하는 부부의 진정한 트렌드 리더의 모습이 멋있다.

도넘 에스테이트

2001년에 설립된 도넘 와이너리 컬렉션은 10년 뒤에 중국에서 패션 리테일 기업을 운영하는 덴마크 출신의 사업가인 앨런과 메이 워버그 부부가 와이너리를 인수하면서 시작됐다. 이곳은 야요이 쿠사마의 브론즈 호박 조각, 아이웨이웨이와 올라퍼 엘리아슨의 주문제작 작품이 설치된 포도밭으로, 한 번쯤 꼭 가보고 싶은 곳이었다.

작년에 드디어 방문했는데, 주인장의 딸로 보이는 20대 여성이 '환영 대사(Hospitality Ambassador)'라는 명함을 건네주며 피노 누아 한 잔씩을 따라주었다. 와인에 대한 설명을 하며 자연스럽게 와인을 따르는 손목 스냅에서까지 일에 대한 자부심이 느껴졌다.

밭 곳곳에 설치된 작품들을 설명하며 이번에 새로 구매한 작품이라는 그녀의 이야기를 들으니, 미술과 와인이 일상이 되는 삶이 참 멋져 보였다. 도넘 와이너리가 마음에 더 와 닿았던 이유는 뛰어난 균형 감각을 가진 안목 덕분이었다. 작품성과 시장성이 잘 어우러진 조각을 선별하는 것은 쉬운 일이 아닌데, 그 두 가지를 절묘하게 맞춘 선택이 돋보였다. 예를 들어, 작년에 테이트 모던에서 엘 아나추이(El Anatsui)의 터빈 홀 전시가 열렸을 때, 도넘은 같은 해에 그의 작품을 구매해 와인셀러 입구에 설치해 놓은 센스를 보여줬다. 그 외에도 현대 미술사에 중요한 위치를 차지하는 루이스 부르주아, 키스 해링, 알젤름 키퍼, 로버트 인디애나 등의 조각이 곳곳에 있었다.

와인밭과 와인 판매수익보다 여기에 설치된 미술품의 자산 가치가 더 커 보일 정도였다. 내부에는 대형 페인팅도 걸려 있었는데, 여러 붓질과 다큐멘터리를 보는 듯한 페인팅으로 주목받고 있는 중국의 류 샤오동(Liu Xiaodong) 작가의 작품이었다.

와인밭 한가운데에는 올라퍼 엘리아슨이 '사계절'을 주제로 제작한 무지갯빛의 유리 돔이 자리하고 있었고, 그 안에서 도넘의 피노 누아를 마셨다. 포도밭 가족의 일원인 그녀가 아이 웨이웨이의 십이지 두상이 새겨진 와인 라벨의 피노 누아를 따라주며 "2020년에는 캘리포니아 산불로 와인이 잘 나오지 않았다."라고 이야기하는데, 속으로는 "이 작품들을 소장한 것만으로도 이미 충분한 가치를 만들어내고 있으니 이곳은 걱정 없어요."라고 말해주고 싶었다.

- 제프리 다이치 Jeffrey Deitch
뉴욕 갤러리: 18 Wooster St, New York, NY 10013, USA
로스앤젤레스 갤러리: 7000 Santa Monica Blvd, Los Angeles, CA 90038, USA

- 브랜트 파운데이션 Brant Foundation
코네티컷 본부: 941 North St, Greenwich, CT 06831, USA
뉴욕 이스트 빌리지: 421 East 6th St, New York, NY 10009, USA

- 하우저 & 워스 서머싯 Hauser & Wirth Somerset: Durslade

Farm, Dropping Ln, Bruton BA10 0NL, United Kingdom

- 도넘 에스테이트 The Donum Estate: 24500 Ramal Rd, Sonoma, CA 95476

나를 버티게 해주는 순간과 장소들

그간 일하면서 내 마음 같지 않게 풀리는 일은 물론이고, 사람과 상황에 치여 그만두고 싶어지는 순간이 여러 번 있었다. 그럴 때마다 다시 시작하고, 작품을 다시 모으고 싶게 만드는 건 몇 번 경험한 뭉클한 순간들의 기억 때문이었다.

마음을 움직였던 나의 순간들처럼, 자신만의 에너지를 얻을 수 있는 감정의 장소들을 만드시길 바란다.

사계절 걸어도 좋은 호암미술관

호암미술관이 김환기 전을 시작으로 2024년에 재개관하며 다양한 전시를 선보이기 시작했다. 현재(2024년 10월) 진행 중인 전시는 니콜라스 파티의 개인전이다. 니콜라스 파티(Nicolas Party)는 고전회화의 정물화와 인물화를 현대적으로 재해석하며, 부드러운 파스텔 재료로 섬세하게 표현하는 작가로 미술시장에서 큰 인기를 끌고 있다.

호암미술관의 전시 수준은 말할 것도 없고, 사계절 언제 찾아가도 소풍 온 어린아이처럼 즐길 수 있는 추억 같은 곳이다. 연못과 꽃나무로 잘 정돈된 한국식 정원은 마치 고궁 속을 걷는 듯한 느낌을 주고, 미술관 옆을 흐르는 강은 가슴을 시원하게 뚫어준다. 강을 따라 쭉 내려가면, 루이스 부르주아의 9미터에 달하는 마망(엄마) 조각도 만나게 된다.

달라스 라프초프스키 수장고에서

달라스에는 미국을 대표하는 거물급 컬렉터인 하워드 라프초프스키(Howard Rachofsky)의 수장고가 있다. 수장고 이름은 더 웨어하우스로, 작품 보관의 역할을 하면서도 한 달에 3~4번 일반인에게 예약을 받아 전시 형태로 개방한다.

이곳에서 나는 말로만 듣던 펠릭스 곤잘레스-토레스의 시계를 보았다. 아주 단순한 두 개의 벽걸이 시계가 같은 시간을 가리키다가 시간이 지나며 조금씩 어긋나는 작업이다. 작가는 사랑하는 사람이 먼저 세상을 떠났지만, 우리의 시간은 함께 흐르고 있다는 걸 보여준다.

완벽히 하나가 되고 싶었지만, 시간이 지나면서 그렇지 못했던 사랑을 보여주는 것 같아 보는 순간 마음이 메여왔다. '나를 저런 마음으로 사랑해줄 사람이 있을까? 저 마음을 품은 사랑이란 어떤 것일까? 저런 사람이 있다면, 세상은 살 만하다!' 등 마음속에서 절절하게 혼잣말을 되뇌며 감상했던 작업이다. 그때 느낀 감동은 '다시 미술이 좋아'라고 말하며 일어서게 할 만큼 강렬했다.

내 마음의 방공호

달라스 국제공항이 있는 포트워스에는 잘 알려지지 않은 숨은 보석 같은 미술관, 포트워스 현대미술관(The Modern)이 있다. 이곳에서는 최고 수준의 동시대미술 전시가 열리며, 내 마음의 완벽한 휴식처로 자리 잡고 있다. 가끔 머리가 아플 때면, 안도 다다오가 설계한 물의 정원과 그 속에서 빛나던 햇살을 떠올리며 마음을 진정시킨다.

아트바젤 마이애미 비치를 방문할 일이 있다면, 달라스를 경유해 이곳에 잠시 들러보길 추천한다.

분주한 마음을 정돈해준 도쿄 네즈 미술관

마찬가지로, 내 분주한 마음을 평온하게 되돌려주는 공간은 도쿄에 있는 네즈 미술관이다. 이곳은 주로 고미술 소장품과 기획전을 열며, 차(茶)를 좋아하는 나에게는 다도의 전통과 다구를 볼 수 있는 특별한 장소다. 도쿄 중심부인 오모테산도에서 이렇게 신선한 산책을 할 수 있다는 것이 놀라울 정도로 비밀스러운 정원을 가진 곳이기도 하다.

예전에는 약탈 문화재 소장에 대한 불만이 있었던 미술관이었지만, 작년에 방문했을 때는 다도 문화가 백제에서 유래했음을 전시한 내용을 보고 네즈 미술관에 대한 인식이 다시 호감으로 바뀌었다.

영국에서 영국을 만날 수 없었던 나에게

런던 중심가에 있는 월리스 컬렉션은 18세기 유럽 미술을 소장한 월리스 경의 개인 소장품을 대중에게 공개하며 미술관이 된 곳이다.

학교 다니기에도 벅찼던 시절, 종종 영국다움을 느끼고 싶을 때가 있었다. 그럴 때마다 혼자 이곳에 와서 에프터눈 티를 마시곤 했다. 지금도 그대로일지는 모르겠지만, 채광이 완벽하게 들어오는 통창

돔형 지붕 아래에 있는 광장 카페가 있었다. 그곳에는 늘 삼삼오오 모여 오후를 즐기며 담소를 나누는 영국 아주머니들이 있었고, 카페는 유명한 애프터눈 티 하우스들처럼 화려한 플레이팅이 있는 건 아니지만, 가장 영국스러운 클로티드 크림과 딸기 잼을 내어준다. 그렇게 월리스 컬렉션에서 나는 교과서에서 많이 본 프라고나르의 그네 작품을 감상한 후, 차를 마시며 유학 생활 속에서 가장 영국스러운 기분을 느끼곤 했다.

주말 놀이터가 되어 준 런던 캠든 아트센터

처음 유학을 떠날 때, 일본과 한국인이 많이 살아서 안전한 동네라며 추천받은 곳이 런던 북쪽에 있는 스위스 코티지였다. 그 동네에는 캠든 아트센터라는 곳이 있었는데, 예전에 도서관이어서 그런지 학교 같기도 하고 집 같기도 한 분위기의 아트센터였다. 매주 주말이면 나는 그곳에서 열리는 전시를 보고, 과제를 하러 아트센터 안에 있는 야외 정원 카페에 가곤 했다.

고단했던 시간을 그곳에서 레몬 파운드 케이크와 카푸치노를 마시며 잘 이겨낸 기억이 아직도 생생하다. 전시는 말할 것도 없이 훌륭했다. 나중에 알고 보니, 이곳은 수준 높은 큐레이팅과 작가 발굴로 탁월한 명성을 가진 곳이었다. 그때 본 작가 중, 지금은 미술계의 대스타가 된 이들도 많다.

• 달라스 라프초프스키 수장고 The Warehouse : 14105 Inwood Rd, Dallas, TX 75244

• 달라스 포트워스 현대미술관 The Modern : 3200 Darnell St, Fort Worth, TX 76107

• 도쿄 네즈 미술관 Nezu Museum: 6 Chome-5-1 Minamiaoyama, Minato City, Tokyo 107-0062

• 런던 월리스 컬렉션 The Wallace Collection: Hertford House, Manchester Square, London W1U 3BN

• 런던 캠든 아트센터 Camden Art Centre: Arkwright Rd, London NW3 6DG

출판소감문

지금까지 미술에 대한 열정을 지속할 수 있게 만들어준 것들과 사람들에게 감사의 마음을 전하고 싶다.

돌아보니 경영학을 공부하고, 중간에 진로를 바꾼 경험이 결국 미술에 대한 열정을 계속 이어가게 해준 것 같다. 주변의 예체능을 일찍 시작한 분 중에는 결혼 후 피아노를 팔거나, 졸업 후 붓을 한 번도 잡지 않는 경우가 많았다. 하지만 한국에서 회사 생활을 하며 데이터 분석과 기업 가치 평가 같은 일을 해온 덕분에, 미술에 질릴 틈이 없었고 오히려 미술이 더 큰 매력으로 다가왔다. 졸업 후에도 이전 경력을 적용해 시장 분석과 작품 가격 조사를 하면서 시간 가는 줄 모르고 즐겁게 일할 수 있었다.

두 번째로 20대 후반에 직장 생활을 하다가 진로를 바꿔 유학을 간다고 할 때, 날 믿고 지지해 주신 엄마다. 심지어 금융위기 시기에 말이다. 덕분에 2008년부터 2010년까지 런던에서 공부하면서 가장 실험적인 미술과 역동적인 시장을 경험할 수 있었다. 그곳에서 YBA(Young British Artists) 작가들을 중심으로 한 미술시장의 호황을 경험했고, 금융위기 이후의 불황도 목격했다. 미술시장은 소수의 결정에 따라 움직이는 특성이 있지만, 미술이 시장을 이루며 실제로 어떻게 움직이는지 직접 느낄 기회를 얻었다.

감성이 예민한 탓에 사람 때문에 일을 그만두고 싶었던 적도 많았다. 하지만, 미술에 대한 열정을 유지할 수 있었던 것도 결국 나를 둘러싼 사람들 덕분이었다. 17년간 보고서를 맡겨주신 기관과 10년 넘게 강의를 의뢰해준 기업, 그리고 8년 전 독립 후부터 꾸준히 공부가 필요하다며 찾아주신 분들께 감사드린다. 도움이 필요할 때마다 두 발 벗고 아트투어나 행사에 함께해 주는 후배들과 고민을 들어주고 지지해 주는 선배님들께도 감사의 인사를 전한다. 가족은 말할 것도 없이, 그 자체로 큰 힘이 된다.

마지막으로 작년에 해외 출장을 갔을 때, 현지의 대기업 회장님께서 "어떻게 돈을 벌고 있나요?"라고 물으셨다. 내가 하는 일을 간단히 설명하자, 그분은 "정말 부럽다!"라고 하셨다. 나는 "저는 당신처럼 부자가 아니에요."라고 답했지만, 그분은 진지하게 "너는 보는 눈을 길렀기 때문에 마음만 먹으면 돈도 벌고, 사람도 얻을 수 있어."라고 말씀하셨다. 단순한 예의가 아닌, 진지한 눈빛으로 전한 그 말은 앞으로 내가 지치지 않고 계속 나아갈 힘이 될 것 같다.

그 말을 떠올리며 더 많이 보고 배우고, 변화하는 미술에 발맞춰 가야겠다고 다짐한다.

미술을 통해 세상을 넓게 바라보고, 전 세계의 다양한 사람들과 만날 수 있음에 감사하다. 그리고 이러한 시각을 나눌 수 있도록 해주신 출판사에도 깊은 감사의 인사를 드린다.

센트럴파크를 지나면 보이는 아트컬렉팅

초판 1쇄 발행 | 2025년 2월 10일

지은이 | 이슬기
펴낸이 | 김지연
펴낸곳 | 마음세상

외주편집 | 김주섭

출판등록 | 제406-2011-000024호 (2011년 3월 7일)

ISBN | 979-11-5636-605-8(03190)

원고투고 | maumsesang2@nate.com
블로그 | blog.naver.com/maumsesang

* 값 18,200원